中国烹饪协会系列规划教材

中等职业学校旅游烹饪类专业“项目课程”教材

前厅服务与管理

主　编　吴希敏　孙诗靓

副主编　王金超　谈有为

北京师范大学出版集团
BEIJING NORMAL UNIVERSITY PUBLISHING GROUP
北京师范大学出版社

图书在版编目(CIP)数据

前厅服务与管理 / 吴希敏，孙诗靓主编. —北京：北京师范大学出版社，2010.9（2015.3重印）
中国烹饪协会系列规划教材
ISBN 978-7-303-11016-2

Ⅰ. ①前… Ⅱ. ①吴… ②孙… Ⅲ. ①饭店－商业服务－教材②饭店－商业管理－教材 Ⅳ. ①F719.2

中国版本图书馆CIP数据核字（2010）第087620号

出版发行：北京师范大学出版社 www.bnup.com
北京新街口外大街19号
邮政编码：100875
印　　刷：北京嘉实印刷有限公司
经　　销：全国新华书店
开　　本：184 mm × 260 mm
印　　张：11.25
字　　数：244千字
版　　次：2010年9月第1版
印　　次：2015年3月第2次印刷
定　　价：21.00元

策划编辑：姚贵平　　责任编辑：姚贵平
美术编辑：高　霞　　装帧设计：弓禾碧工作室
责任校对：李　菡　　责任印制：陈　涛

序

随着社会经济的发展，外出旅游成为人们健康生活的重要方式之一，这为旅游业和旅游职业教育提供了强大的发展动力。

旅游职业教育的发展应以课程、教学与教材改革来做最佳的抓手。职业教育是不同于普通教育的一种教育类型，其课程、教学与教材要与生产过程、职业资格要求、职业岗位对从业人员的素质需求有效对接。

为促进旅游业和旅游职业教育的健康、科学发展，培养道德修养好、技能水平高和综合能力强的高素质、应用型旅游人才，中国烹饪协会与北京师范大学出版社于2007年年底联合启动了旅游专业教学改革的研究，对旅游职业教育的课程、教学与教材进行全方位探讨。我们认为，旅游职业教育的课程、教学与教材应突出三大特点：一是聚焦职业能力的培养，并紧紧围绕这一目标设计课程与教材。二是整合教学过程与工作过程。事实证明，只有能将原理、知识与工作过程有机融通的人，才是具有职业能力的人。教学过程、教材内容必须与工作过程无缝对接。三是创新课程与教材结构，即根据职业能力养成的规律对课程结构进行整体设计，包括内容呈现顺序与方式等。

在此基础上，我们组织了优秀的旅游行业专家、企业从业人员和具有丰富教学经验的教师共同开发了体现新理念、突出新特色、适应新形势的“旅游专业‘项目教学’系列规划教材”。本套教材具有以下特点。

1. 先进性。围绕学生职业能力的培养，选择内容、设计形式、编排体例，既充分反映旅游行业新知识、新规范、新信息与新技能，又充分反映旅游职业教育教学改革的新理念、新要求、新特点与新形式。

2. 新颖性。以“项目教学”为主线安排结构，设有项目介绍、任务描述、案例分析、综合实训等栏目，并配有丰富的图片资料，形式活泼，可读性强。

3. 仿真性。尽量按照旅游行业的职业岗位群创设学习情境，引导学生在仿真的情境中反复练习，形成职业能力。

4. 综合性。在关注生产过程的同时，兼顾相应职业资格考试要求。在相关教材中专门列明职业资格考试的要点，把学历教育与职业资格考试有机结合起来，为学生在取得学历的同时获取职业资格证书奠定基础。

本套教材作为中国烹饪协会与北京师范大学出版社联合推出的旅游职业教育教学改革成果，获得了来自全国各地的专家、学者和教师的大力支持和参与，进行了辛苦的探索和大胆的创新。但由于教学改革是一项复杂的系统工程，不可避免地存在着局限性，恳请广大读者提出宝贵意见，以便我们今后修订并不断完善。

中国烹饪协会常务副会长
2010年7月8日于北京

内容简介

本书是理论与实践并重，实践性与操作性突出的饭店管理类专业基础课教材。本书立足前厅部的现状与发展趋势，以前厅部的岗位工作流程为主线，介绍了前厅部概况、前厅服务礼仪规范、前厅服务技能、前厅客房预订业务、前厅销售管理、前厅部综合业务管理、前厅部人力资源管理、前厅部制度管理以及前厅管理自动化系统等。本书案例丰富，阐述充分，视野广阔，结构完整，逻辑清晰，形式活泼，适宜于中等职业学校学生及行业从业人员使用。

前　言

饭店前厅部素有饭店“大脑”和“中枢神经”之称，在饭店的经营管理中起着极其重要的作用。因此，做好前厅部的服务和管理工作具有十分重要的意义。为更好地适应全国中等职业学校饭店服务与管理专业的教学要求，北京师范大学出版社和中国烹饪协会组织全国有关职业学校一线教师和行业专家，在认真总结全国中等职业学校教改经验的基础上，积极吸收饭店服务与管理研究的最新成果编写了本教材。

本教材的最大特点是以学生为中心，以能力为本位，以就业为导向，以师资为尺度，着力培养学生的职业意识和职业能力。全书以饭店前厅部服务与管理活动为主线，系统、全面地介绍了饭店前厅服务与管理的知识和方法。主要内容包括前厅部概述、前厅礼仪接待服务规范、前厅服务技能、前厅客房预订业务、前厅销售管理、前厅部综合业务、前厅部人力资源及制度管理和前厅管理自动化系统等，每部分内容都从任务描述、案例与思考、主体内容和综合实训四个方面进行编写，突出了职业教育的特色。本书根据饭店服务与管理专业学生从事职业的实际需要，合理确定该职业应具备的能力结构与知识结构，并从饭店服务与管理专业教学的实际出发对教材内容的深度、难度做了重新定位。从而达到教师能教，学生能学，就业后管用的目标；让学生通过学习本教材，既会服务，又会管理。

本教材以饭店前厅部各种典型的工作任务为依据来设计服务场景，以工作任务来引导专业知识和专业技能的学习，突出对学生服务技能的训练，提高学生解决问题的能力，增强学生的就业竞争力。

全书内容新颖，深入浅出，体系合理，涉及面较广，具有以下特点。

第一，坚持以人为本，坚持能力本位，坚持素质教育的基本导向，着力培养学生的服务技能和管理能力。

第二，内容新颖、全面、系统，涉及前厅服务和管理工作的各个领域。

第三，突出前厅服务的内容，并对相应的管理问题做了有益的探讨，教学内容符合专业培养目标和课程教学基本要求。

第四，教材体系设计合理，循序渐进，符合学生心理征特和认知、技能养成规律。

本教材由湖北省恩施自治州商务技校吴希敏和山东省青岛酒店管理学院孙诗靓联合主编，吉林农业大学旅游管理专业王金超、恩施自治州商务技校谈有为担任副主编。各章节的具体分工是：前厅部概述、前厅销售管理由孙诗靓撰写，前厅服务礼仪规范由吴希敏撰写，前厅服务技能由王金超撰写，前厅客房预定业务由谈有为撰写，前厅部综合业务管理由北京联合渝乡人家餐饮有限公司人力资源总监、副总经理郭莉萍撰写，前厅部人力资源及制度管理由吉林农业大学人文学院梁明辉撰写，前厅管理自动化系统由湖北大学职业技术学院饭店管理专业朱丽萍撰写。

本教材是中等职业学校饭店服务与管理专业学生的学习用书，也可作为饭店对其管理人员、服务人员进行饭店业务培训的教材。本教材的编写人员在撰写过程中走访了一些饭店，也参考了一些国内外资料，在此表示感谢！由于受编者知识水平和经验的限制，书中难免存在一些疏漏和不足，敬请广大读者批评指正。

编　者

2010 年 7 月 28 日

目录

项目一 PROJECT 1

前厅部概述

前厅部不仅是饭店的“门面”，更是饭店的“神经中枢”；是饭店联系宾客的桥梁和纽带，也是饭店经营管理的重要窗口。前厅部的日常运作与管理、工作流程以及员工的素质与表现，对饭店的形象和声誉有着重要影响。前厅部通常由前台、礼宾部、总机、商务中心、宾客关系、客房预订部等部门组成，其主要机构均设在宾客来往最频繁的饭店大堂。前厅部运转好坏将直接反映饭店的服务质量和管理水平，影响着饭店的经济效益和市场形象。

任务一 MISSION1 认识前厅部

任务描述

步入饭店大堂，首先进入客人视线的就是前厅部，前厅的设计与格调、前厅服务人员的素质与表现无不影响着客人对饭店的整体评价，可以说，前厅部是为客人提供各项主要服务，并为其留下第一印象的部门，其重要性不言而喻。那么，前厅部到底是一个什么样的部门，它又为客人提供哪些服务呢？

一、前厅及前厅部的概念

简而言之，前厅是位于饭店的门厅处，包括饭店大门、大堂、接待台在内的为客人服务的综合区域；而前厅部(Front Office)则是指负责销售饭店服务、组织接待客人、调度业务经营，为客人提供订房、登记、行李、电话、退房等各项服务，以及为饭店各部门提供信息的综合性服务部门。前厅部也称房务部、前台部，负责招徕并接待宾客，销售饭店客房及餐饮娱乐等产品和服务，协调饭店各部门的对客服务，为饭店高级管理决策层及各相关职能部门提供各种信息。

二、前厅部的功能

前厅部在整个饭店的运营与管理中起着沟通、协调的重要作用，是饭店的“神经中枢”。前厅部是一个直接面客、直接提供服务的部门，其下属的各部门有着各自不同的分工。总结起来，前厅部具有以下功能。

(一)提供各种前厅接待服务

作为对客服务的一线部门，前厅部直接为住店客人提供各类相关服务，如客房预订、登记入住、离店结账、投诉受理、钥匙收发、迎宾接站、物品转交、留言问询、邮件、商务、行李以及各种代办服务等。高质量的前厅服务能使客人对饭店的整体经营管理水平留下良好、深刻的印象。因此，前厅部的管理人员应在积极推销饭店产品的同时将自身所提供的各种服务的质量抓好，以圆满实现饭店的服务功能。

(二)实现信息传递，提供咨询服务

由于前台是服务人员与客人的主要接触点，不仅掌握着详细的客人信息，同时也应该将饭店的最新信息传递给客人，前厅部还肩负着协调饭店各部门之间信息的任务，因此，前厅部是饭店的信息中心。除此之外，前厅部服务人员还应向客人提供饭店所在地、所在国的有关信息和指南；比如，向客人介绍本地区的特色，购物中心的位置及营业时间，外贸公司及科研机构的地址、联系人和电话号码，本地区及其他城市主要饭店的情况，各类交通工具的运营时间等。

前厅部的服务人员应时刻做好准备，充分掌握和及时更新各种固定的与变动的信息，以亲切的态度、对答如流的技能，为客人提供准确无误的信息。

(三)协调对客服务

为了能使客人享受到高水准的服务，前厅部服务人员应以优质服务来衔接饭店前、后台之间及管理部门与客人之间的沟通联络工作。为了使客人满意，前厅部应在客人与饭店各有关部门之间牵线搭桥；例如，若客人投诉房内设施出现问题，前台服务人员应及时向工程部反映，并通过适当途径给客人满意的答复。前厅部的责任是根据客人的需求，发挥其信息集散点和决策参谋部的作用。

(四)销售客房，控制房况

前厅部的首要功能是销售客房。客房是饭店最主要的产品，其收入是饭店营业收入的主要来源。因此，前厅部能否有效地发挥销售客房的功能，将影响到饭店的整体收益。客房营业收入也是考核前厅部管理及运转好坏的重要依据之一。同样，衡量一位前厅服务人员的工作是否出色，往往也以其客房推销的能力和业绩为主要参考。可见，前厅部的全体人员应全力以赴按确定的价格政策推销出去尽量多的客房，积极发挥销售客房这一重要功能。

同时，作为直接为客人分房的部门，控制客房状况是前厅部又一重要功能。这项功能主要由两方面的工作组成：一是协调客房销售与客房管理。二是正确反映饭店客房的销售状态。

协调客房销售与客房管理，一方面是指前厅部必须正确地向销售部提供准确的客房信息，避免因超额预订而使销售部工作陷入被动的地步；另一方面是前厅部必须向客房部提供准确的房态信息，以方便其调整工作部署。例如，前台分房时应注意将团队、会议用房安排得相对集中，以便客房的清洁和管理；在客房紧张的旺季应将客情随时通报客房部，以便其安排抢房和恢复待修房。这里必须强调的是，协调好客房销售与客房管理之间的合作关系是前厅部的重要职责。前厅部和客房部双方都必须抱着理解与合作的态度，努力为每一位客人提供准备好的房间，最大限度地将客房销售出去。

如何正确反映饭店的客房状况依赖于前厅部负责管理的两种客房状况显示系统：一种为预订状况显示系统，也可称为客房长期状况显示系统；另一种为客房现状显示系统，也称为客房短期状况显示系统。目前大多数饭店采用计算机系统管理，其应用软件内含有这两种控制系统的子目录。还未使用信息系统的饭店通常要用客房状况显示架(分为预订显示架和前台开房显示架两种)来控制和反映客房状况。客房状况控制系统要随时反映整个饭店每间房——住客房、走客房、可售房、待修房、内部用房等的状况。正确地掌握饭店状况为客房销售提供了可靠的依据，是前厅部的管理目标之一。要做好这一工作，除了控制系统计算机化和拥有必要的现代化通信联络设备外，还必须建立健全行之有效的管理制度，切实做好与客房、销售、收银等部门之间的信息沟通工作。

（五）处理宾客关系，建立客史档案

目前，大多数饭店都设有会员制度，旨在为常客提供更加细微及人性化的服务，进一步提高客人的忠诚度。一方面，饭店为了方便客人、促进消费，都会向客人提供统一结账服务。客人账单可以在客人预订客房时建立(记入订金、预付款和信用卡号码)，或在其办理入住登记手续时建立；另一方面，饭店为每一位有过住店经历的客人都建立了客史档案，其中记录下了客人每次入住的时间、喜好等重要信息，这些资料是饭店给客人提供周到的、具有针对性服务的依据，同时也是饭店寻找客源、研究市场营销的信息来源，所以必须坚持规范建档和保存制度化两项原则。

前厅部一般还设有宾客关系主任的岗位，专门负责处理宾客关系，如为VIP及饭店常客提供个性化的服务，协助大堂副理处理投诉并跟进服务，发放并回收调查问卷等。

（六）辅助决策

前厅部处于饭店业务活动的中心地位，每天都能接触到大量的信息，如有关客源市场、产品销售情况、营业收入、客人意见等。因此，前厅部应当充分利用这些信息，将统计分析工作制度化和日常化，及时将有关信息整理后与饭店有关部门沟通，以便其采取对策，并向饭店的管理机构汇报，适应经营管理上的需要。为了起到决策参谋的作用，前厅部还应当将有关市场调研、客情预测、预订接待情况、客史资料等收存建档，以充分发挥这些原始资料的作用，真正使前厅部成为饭店收集、处理、传递和储存信息的中心。前厅部的管理人员还应亲自参与客房年度销售预测，进行月度、年度销售统计分析，向总经理提供有价值的参考意见，并亲自检查各类报表和数据，通过大量信息的掌握来不断改善本部门和饭店的服务工作，提高前厅部的管理水平。

综上可以看出，前厅部是饭店的营业中心、协调中心和信息中心，在饭店经营中起着销售、沟通、控制、协调服务和参与决策的作用。前厅部管理的好坏与上述功能是否正常发挥作用密切相关。因此，在日常的运转与管理中，前厅部必须重视各个功能的正常发挥。

案例与思考

遇到难题的客人

某周日，北京某饭店服务台问询处。

一位来华的乔治先生在问询台前踌躇了好长时间，似有为难之事，问询员小胡见状，便主动询问是否需要帮助。乔治先生说：“我想去游览八达岭长城，想乘旅行社的车去，因为他们配有讲英语的导游，对我游览长城有很大的帮助。”小胡问：“乔治先生，你昨天预订旅行车票了吗?”乔治抱歉地答：“没有，因为昨天不想去，今天我才冒出想去的念头。”小胡知道，饭店规定，去游览长城的客人必须提前一天登记，这样旅行社的车第二天才会到饭店来接客人，而昨天没有一个客人登记，这样的话旅行社的车就肯定不会来了，小胡想了想，对乔治先生说：“请您稍等，我打电话跟旅行社联系一下，若还没发车，就请旅行社开车到饭店来接您。”小胡马上打电话给旅行社，旅行社告之：去八达岭的车刚开走，请直接与导游联系，并告诉小胡导游的手机号码。于是，小胡又马上跟导游取得联系，导游同意并答应马上开车到饭店接乔治先生。小胡放下电话，对乔治先生说：“乔治先生，再过10分钟，旅行社的车就来接您，请您稍等。”乔治先生很感动地说：“谢谢!”

思考：

前厅部的工作决定了饭店在客人心目中的“第一印象”和“最后印象”，这些印象(服务人员的工作态度、责任感、言谈举止、礼貌礼节等)，决定着客人对饭店的总体评价，这些评价又影响着客人对饭店的选择。请你总结在案例中，小胡是怎样帮助客人的，而乔治先生又会因此对饭店留下什么样的印象呢?

综合实训

请同学们设计表演一个服务场景，以表现前厅部在整个饭店的运营管理中的重要作用。

任务二 前厅部的地位及特点

MISSION2

任务描述

前厅部是饭店至关重要的部门，在饭店经营与管理中占有举足轻重的地位。前厅部的运转和管理水平，直接影响到饭店的经营效果和对外形象。作为前厅部的员工除了为客人提供各种标准化服务，还需要具备哪些素质和能力？带着问题，让我们一起学习这一节的内容。

一、前厅部的地位

前厅部是现代饭店的重要组成部分，在饭店经营管理中占有举足轻重的地位。前厅部的运转和管理水平，直接影响到饭店的经营效果和对外形象。前厅部在饭店中的重要地位，主要表现在以下几个方面：

(一)前厅是饭店的形象代表

众所周知，前厅部相当于饭店的门面，饭店前厅部的主要服务机构通常都设在客人来往最为频繁的大堂。客人步入饭店大门，就会对大堂的环境、设计、设备设施和前厅部员工的仪容仪表、服务质量、工作效率等产生深刻的“第一印象”。而这种“第一印象”在客人对饭店的认知中会产生非常重要的作用。因为前厅部是第一个为客人提供服务的部门，客人在饭店入住期间，遇到问题，第一个想到的部门也是前厅部。因此，前厅部要提供各种相关服务，在客人的心目中，前厅便是饭店，前厅的管理水平和服务水准，往往直接反映整个饭店的管理水平、服务质量和服务风格。因此，前厅是饭店工作的“窗口”，代表着饭店的对外形象。

(二)前厅部是饭店的业务中心

前厅部是一个综合性服务部门。客人从抵店前的预订，到入住，直至离店结账，都需要前厅部提供服务，因而，前厅是客人与饭店联系的纽带。前厅部通过客房商品的销售来带动饭店其他各部门的经营活动。同时，前厅部还要及时地将客源、客情、客人需求及投诉等各种信息通报有关部门，共同协调整个饭店的对客服务工作，以确保服务工作的效率和质量。所以，前厅部通常被视为饭店的“神经中枢”，是整个饭店承上启下、联系内外、疏通左右的枢纽。无论饭店规模大小、档次如何，前厅部总是为客人提供服务的中心。

(三)前厅部是饭店创收的关键部门

饭店的营业收入主要源于三个部分：客房收入、餐饮收入和其他服务收入，其中，客房收入一般约占饭店总收入的40%～60%，在我国，客房收入甚至高于这个比例。尽管客房的一次性投入比较大，但是与餐饮等饭店其他部门的经营相比，其经营费用相对较低，利润率高。前厅部的主要职能之一就是售房，且前厅部的销售与市场营销部不同，称为向上销售(up sell)，即向客人推销饭店更高等级、更高房价的客房，从而提高饭店的利润。因此，前厅部的有效运转和有效售房是提高客房出租率，增加客房销售收入的重要途径，也是提高饭店经济效益的关键。

(四)前厅部是饭店的管理信息中枢

前厅部不仅作为饭店与客人之间最重要的关系纽带，也是各部门之间的信息枢纽和频繁业务往来的中间部门。前厅部需要收集有关市场变化、客人需求和整个饭店对客服务、经营管理的各种信息，在对这些信息进行认真的整理和分析后，每日或定期向饭店提供真实反映饭店经营管理情况的数据报表和工作报告，并向饭店管理机构提供咨询意见，作为制订和调整饭店计划和经营策略的参考依据。

二、前厅服务的主要特点

(一)全天候运转，为客人提供及时高效的服务

前厅部是一个提供综合性服务的经营部门，它在为饭店开辟市场、保证客源、推销饭店其他产品的过程中，承担着主要的服务与经营责任，其服务好坏、优劣极大地影响了客人对于饭店的认知和评价。由于岗位的特殊性，它是饭店少数几个24小时运转的部门之一，对于员工的要求较高，因此，需要缔造一支高素质、技能过硬的员工团队，才能确保前厅部的工作正常有序地开展。

(二)员工素质要求高，一岗多能

前厅部的业务一般涵盖预订、接待、问询、行李寄存、迎宾、机场接送、电话、票务、传真、复印、打字、旅游服务、收银、建档等，业务量大，涉及面广，因此对于员工素质的要求较高，必须要有较全面的业务知识，掌握娴熟的工作技能，同时，由于前厅部的管理效果直接关系到饭店的声誉和经营成败，所以要求前厅部在管理上要着重员工的服务态度、文化素养和业务技能的培训，以求与客人建立起良好的关系，给客人留下良好的印象。

(三)信息量大、变化快，要求高效运转

前厅部是饭店信息集散的枢纽、对客服务的协调中心，因此其收集、整理、传递信息的效率决定了对客服务的效果。由于前厅属前台服务部门，与客人的接触较多，因而其收集的信息量也相对较大。客人的要求每时每刻都会有变化，这要求前厅在信息处理上效率要高。另外，前厅所掌握的一些重要信息，如当日抵离的 VIP 客人、营业日报、客情预测等都必须及时传递给总经理室及其他有关部门。

(四)政策性强，服务要求高，关系全局

涉外饭店除了遵循本身经营管理上需要的许多政策制度外，还必须执行国家有关法令及涉外条例，因为饭店是窗口行业，前厅部又是具体执行这些政策的部门，所以其工作有着很强的政策性，甚至起到了“一着不慎，满盘皆输”的关键作用。

想一想

为了适应前厅部的工作强度和工作要求，前厅部的员工应该具备哪些素质与能力呢？

三、前厅部员工的素质与能力要求

正因为前厅部的工作繁杂多样，因此，对于员工素质提出了更高的要求。一个合格的前厅部服务人员，应该具备下列素质：

(一)具有良好的职业道德和职业礼仪

前厅部的工作政策性很强，经常涉及金钱，还有价格优惠及饭店经营策略方面的机密信息等，因此，前厅部服务人员必须有较高的品行修养，讲诚信、遵纪守法、原则性强，绝不能以工作之便牟取私利。

前厅部服务人员的仪表仪容、礼貌礼节都直接影响着饭店的形象，关系到整个饭店的服务质量。因此，服务人员要养成良好的职业素养。在言谈举止上，应做到用语规范、声调柔和、语气亲切、表达得体；站立挺直，不倚不靠，动作自然优美，符合规范；在工作作风上，

应做到认真负责，谦虚谨慎，勤奋好学；在服务态度上，应做到一视同仁，不卑不亢，待人热情，分寸适度。容貌端庄、服装整洁、举止大方有礼的前厅部工作人员给人以热情好客、训练有素、可以信赖的感觉。良好的仪表仪容代表了前厅部工作人员对饭店和工作的热爱，对宾客的尊重，反映了饭店高品质的服务水准和追求卓越的企业精神。

（二）具备较强的业务能力和应变能力

前厅部是饭店的业务中心，各项工作十分繁杂。每天会接触到各种各样的人和事，甚至会碰到许多意外，都必须予以妥善地处理。因此，要求前厅部服务人员必须具有机智灵活的处理能力，有较强的应变能力，针对性地提供服务，处理好特殊事件。

前厅部服务人员必须具有高度的责任感，强烈的事业心，一丝不苟的工作态度。这是因为前厅部工作任务重，业务复杂，脑力劳动强度大，必须有认真的工作态度，才能把工作做好。

（三）具有较强的沟通及人际交往能力

饭店属于服务业的分支，与客沟通是对客服务的重要内容和途径。尤其是作为前厅部服务人员，几乎每日每时都要与各种各样的来自不同国家或地区的、不同文化背景、不同生活习惯的宾客打交道。因此，前厅部服务人员必须善于交往，与人交流的分寸把握要求恰到好处。同时，前厅部员工还要处理好与同事，上下级之间的关系，互相理解，互相尊重，具有团队协作意识，以更好地完成工作任务。

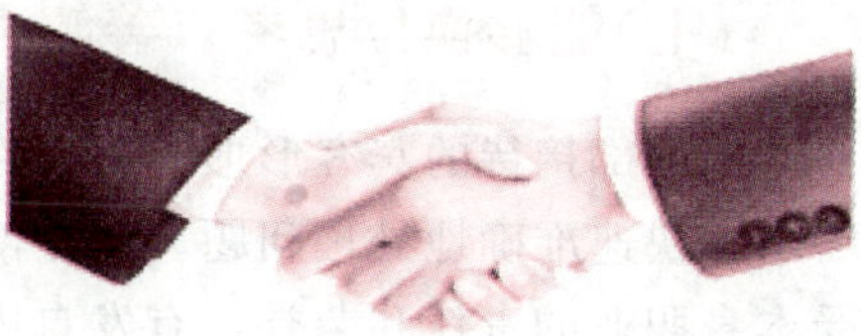

（四）具有较强的语言表达能力

前厅部服务人员应具有较强的语言表达能力，主要有两个方面的要求：一方面是由于饭店的宾客来自世界各地，前厅部服务人员除了普通话标准之外，还必须熟练地掌握一门以上的外语，特别是口语方面要达到相当的水平。在一些沿海地区的饭店，由于接待许多港澳同胞和海外华侨，前厅部服务人员还必须会讲广东话，闽南话等方言。前厅部人员是否能够用宾客使用的语言接待宾客，不仅影响服务质量，而且还会影响饭店的客源。另一方面是讲究语言的技巧。语言是人际关系的润滑剂，前厅部员工在接待宾客的过程中，与宾客进行语言交流的机会很多，如果不掌握语言艺术，会不知不觉得罪宾客甚至“刺伤”宾客，那就很难使宾客满意。因而，前厅部服务人员应掌握更多的语言表达技巧，具有幽默感和说服力。

（五）具有良好的推销意识及技巧

在前厅部工作的服务人员，销售饭店产品是首要的工作任务，因此，必须具备推销员的素质，积极主动地工作，熟练掌握并运用销售技巧。在其中，销售意识尤为关键，有些前台员工羞于启齿或者工作缺乏积极性，往往错过了很多推销客房的机会。因此，要培养自己主动对客推销的习惯，如得知客人乘坐飞机来，就可不失时机地向客人推荐饭店的接机服务；

遇到饭店推出优惠活动的时候应要不断地将此信息传递给客人，并讲清原因和价格，以此获得客人的认同和接受。

(六)具有丰富的知识

前厅部接待的宾客来自不同国家和地区，不同的社会阶层，具有不同的职业、身份、文化背景和风俗习惯。因此，要为宾客提供优良的服务，就应该懂得心理学、社会学、民俗学、销售学、管理学、旅游学等知识。同时，作为前厅部员工，在解答各种客人问询的时候，需要了解各方面的知识，包括店内的，也包括店外的，可以说，尽可能让自己做到无所不知，无所不晓。这就要求前厅部员工作足工夫，主动地学习各种与行业有关的信息和知识，充实自己，也充实对客服务的内涵。

(七)能够换位思考，善解人意

前厅部接待的宾客形形色色，性格各异。前厅部服务人员应能迅速，准确地领会宾客的需求，快速准确地处理问题。前厅部工作人员必须深刻理解宾客在旅途中的困难和不便，感受本身职业的责任和荣誉，有发自内心的服务意识，在工作中永远保持充沛的精力和热情的微笑。

(八)具有良好的心理素质，善于进行情绪管理

前厅部员工接触的宾客来自不同社会阶层，具有不同的职业、身份、地位，具有不同的性格。因此，也导致了服务的复杂性。前厅部员工为了做好工作，必须要有涵养、有耐心，善于控制自己的情绪，不亢不卑，不能被宾客的情绪所左右，任何时候都不与宾客争辩。

(九)具有良好的记忆力

学者马斯洛的需要层次理论认为，人们最高的需求是得到社会的尊重。当自己的名字为他人所知晓就是对这种需求的一种很好的满足。

在饭店及其他服务性行业的工作中，主动热情地称呼客人的名字是一种服务的艺术，也是一种艺术的服务。通过饭店前厅部工作人员尽力记住客人的房号、姓名和特征，借助敏锐的观察力和良好的记忆力，提供细心周到的服务，使客人留下深刻的印象，客人今后可能在不同的场合会提及该饭店，等于是饭店的义务宣传员。目前国内某一著名的饭店规定：在为客人办理入住登记时至少要称呼客人名字三次。前台员工要熟记 VIP 的名字，尽可能多地了解他们的资料，争取在他们来店报家门之前就称呼他们的名字，当再次见到他们时能直称其名，是作为一个合格服务员最基本的条件，同时，还应该具备熟练使用信息系统的能力，为

所有下榻的客人做好历史档案记录，可以对客人提供超水准、高档次的优质服务，把每一位客人都看成是 VIP，使客人从心眼里感到饭店永远不会忘记他们。

案例与思考

记住客人的姓名

一位常住的外国客人从外面回到饭店，当他走到服务台时，还没有等他开口，问询员就微笑地主动把钥匙递上，并亲切地称呼他的名字，这位客人大为吃惊，饭店居然对他留有印象，这使他产生一种强烈的归属感，亲切得就像回家一样。

还有一位客人在服务台高峰时进店，服务员问询小姐突然准确地叫出："××先生，服务台有您一个电话。"这位客人又惊又喜，觉得自己受到了重视，受到了特殊的礼遇，不禁添了一份自豪感。

另外一位外国客人第一次前往住店，前台接待员从登记卡上看到客人的名字，简短地称呼他以表欢迎，客人先是一惊，随后做客他乡的陌生感顿时消失，显出非常高兴的样子。简单的交流迅速缩短了彼此间的距离。

此外，一位 VIP(非常重要的客人——贵宾)随陪同人员来到前台登记，服务人员通过接机人员的暗示，得悉其身份，马上称呼客人的名字，并递上打印好的登记卡请他签字，使客人感到自己的地位不同，由于感受到超凡的尊重而感到格外的开心。

思考：

目前，很多饭店都在推行"宾客认知项目"，作为前厅部员工，应该怎样做才能使客人有宾至如归的感觉？

"It will do"与"It won't do"

一天，内地某饭店一位美国客人到前台登记住宿，顺便用英语询问接待服务员 Alice："贵店的房费是否包括早餐？"Alice 英语水平不高，没有听明白客人的意思，便随口回答了个"It will do"。次日早晨，客人去自助餐厅用早餐，出于细心，又向服务员 Timmy 提出了同样的问题。不料 Timmy 的英语亦欠佳，只得穷于应付，慌忙中又回答了"It will do"。

几天以后，美国客人离店前到前台结账。服务员把账单递给客人，客人一看吃一惊，账单上对他每顿早餐一笔不漏！客人越想越糊涂：明明前台和餐厅服务员两次答"It will do"，怎么结果变成了"It won't do"了呢？他百思不得其解。经再三追问，前台才告诉他："我们早餐历来不包括在房费内。"客人将初来时两次获得"It will do"答复的原委告诉前台服务员，希望早餐能得到兑现，但遭到拒绝。客人于无奈中只得付了早餐费，然后怒气冲冲地向饭店投诉。

最后，饭店重申了前台的意见，加上早餐收款已做了电脑账户，不便更改，仍没有同意退款，美国客人怀着一肚怒气离开饭店。

思考：

1. 从这个案例中你能总结出哪几点前台及前台员工的重要性？
2. 饭店对于这位美国客人的处理方案是否得当？

综合实训

请同学们针对这一节的[案例与思考]中的情境进行重新设计，表演出正确的饭店处理方法。

任务三 MISSION3 前厅部的组织架构及工作职责

任务描述

众所周知，前厅部是由很多分部门组成的综合性服务部门，这些部门各司其职，在客人入店期间的各个环节发挥不同的作用。那前厅部究竟由哪些部门组成，它们又是怎样进行分工协作，共同完成服务客人的任务呢？这一节要解决的就是这些问题。

一、前厅部的组织架构

按照一般星级饭店的组织构架，前厅部是一个综合性部门，为客人提供多项服务，其包括前台、礼宾部、宾客关系主任、预订部、总机(服务中心)、客史等一系列分工不同的部门，如图 1-1 所示，且它们大多在饭店大堂项目位置设有柜台，以便于为宾客提供面对面的服务。

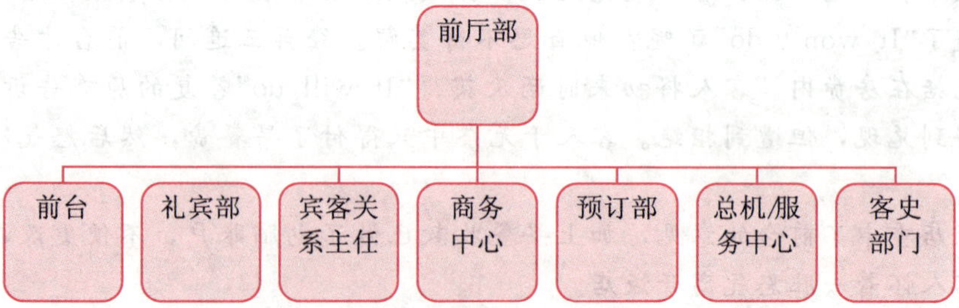

图 1-1　前厅部组织结构

想一想

这些部门各自的分工是什么？它们之间如何协作？

二、前厅部的工作职责

前厅部各部门分工各有不同，如图 1-2 所示，从客人抵店之前直至客人离店，前厅部各分部门都在各司其职，发挥作用，为客人提供全方位的服务。抵店前，客人会通过预订部预订客房；抵店时，由礼宾部的门童负责引导客人车辆、迎宾问好，行李员负责帮助客人卸下行李，引领客人至前台登记；前台是客人住店期间与其打交道的主要部门，负责为客人办理入住登记、安排房间、收缴押金、发放钥匙以及在客人离店时办理结账退房手续，另外，客人在入住期间如果要换房、入账或保存贵重物品，都是由前台负责处理；客人在入住时如有外部电话需要通过总机转接至房间，外部问询及邮件传递则由礼宾部负责，礼宾部还负责客人离店时的交通安排和行李服务。可以说，客人住店的整个过程都离不开前厅部各个部门的分工协作。

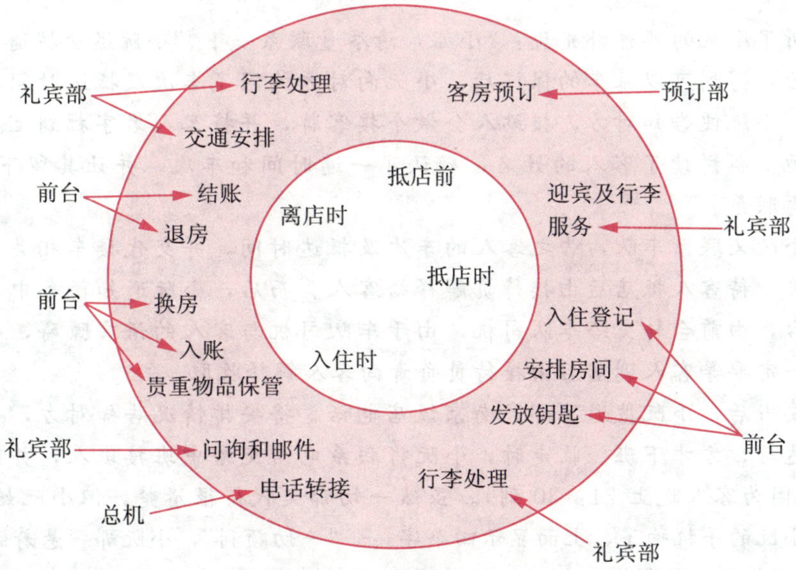

图 1-2　前厅部部门分工

案例与思考

从满意到惊喜的服务

某日中午临近 12 点，某饭店前台服务员小阮接到一位女士的电话，自称是南京某饭店的人，需要饭店今天去接一位从她们饭店来这里住宿的外宾。小阮忙询问有关预订房间的资料，但是根据对方提供的资料，并未查到有这样一位客人今天要下榻饭店，小阮便告知对方要进行一下核实。

过了 10 分钟，这位女士又打来电话，说已与客人通过话，的确有人为客人在该饭店预订了房间，小阮又仔细查看了电脑上的预订记录，确认没有人为这位外宾订房间。因此，小阮询问对方有没有委托其他单位订房，这位女士想了又想回答道："好像是××系统订的。"小阮听后又进行查找，确实是有间××系统预订的房间，但是预订的入住时间不是今天，外宾名字也不相符。

小阮把情况告知她，又与对方重新核对了名字。不知是预订人当初拼错了，还是其他原因，外宾的名字存在一定差异，还好有预订人何小姐的联系方式。小阮将情况告知这位女士，并与对方说："我负责联系预订人何小姐，麻烦您再同外宾进行确认。"挂断电话后，小阮拨了几次何小姐的电话，均没拨通。

一刻钟后，那位女士再次将电话打到前台，小阮告知对方联系不上预订人，而对方说她已经再次向客人证实，确实是有人为他在饭店订有房间。小阮听到这些，想或许是预订人何小姐将名字拼错了的缘故，客人应该没错。

但是入住时间不对。经过询问才知道，客人有事要提前到达。但客人脚部扭伤，行动不便，需要饭店方面派人去接火车。由于当时是周末，饭店相关部门并没有上班，接火车确实有些困难。

这位女士听了小阮的解释补充说："小姐，请尽量联系一下。"小阮迅速拨通了车队值班电话，说明情况后，得到可以派车的保证后，小阮向对方询问了车次及抵达时间，因外宾没有翻译陪同人员，小阮便告知对方，接站人会做个接客牌，并将客人名字打到上面，对方应允了。小阮便让她重新拼读了客人的姓名，确认了一遍时间和车次，并让其留下了联系电话，以防有事方便再联系。

挂机后，小阮又联系车队，告之客人的车次及抵达时间，并交代接车相关事宜，小阮还交代如遇新情况，待客人抵店后由接待员解释给客人。而后，小阮通知商务中心打印一张接车牌，放于前台，由前台转交给车队司机，由于车队司机与客人的语言障碍，小阮一再叮嘱有关费用问题一定要等客人到店后由接待员负责向客人解释收取。

一切安排妥当后，小阮拨通了那家南京饭店电话，将安排情况告知对方，并再次确认客人一定如期到达后，方才下班。临走时，小阮将联系电话交给中班接班人，并交代请他务必告知夜班人员(因为客人晚上 21：30 到)。虽然一切都交代得很清楚，但小阮始终放心不下。晚上 10：00，小阮的手机响了，上面显示四个字——"一切顺利"，小阮那颗悬着的心才放下。

次日上班，刚巧遇上外宾退房，小阮便关切地询问客人：一切可否顺利，脚伤康复情况如何？这时外宾才知道自己能够顺利抵店，离不开小阮的精心安排，于是用不标准的中文微笑着说："小姐，谢谢你，太谢谢你了！"

思考：

由于前厅部工作是复杂而繁重的，所以需要各个部门的协调合作，在特殊情况下甚至要求一位员工身兼数职，你认为案例中的小阮身上有哪些优秀的品质使她获得了客人的赞许？

综合实训

结合本节内容进行学习，请同学们分组分部门进行讨论，并结合各个岗位的工作内容模拟对客服务的场景。

任务四 MISSION4 前厅部的环境设计及布局设备

任务描述

前厅部的正常运转不仅要依靠人力的支持，同时也要依托于相应的环境、借助相应的设备及器材。同时，作为接待客人的门面，前厅部的环境、氛围、设计风格都会对客人产生影响，这一节的内容我们将主要探讨环境的作用。

一、前厅部的布局原则

前厅部位于饭店大堂的醒目位置，其布局也要遵循一定的原则：

第一，各岗位分布应便于对客服务。

第二，便于部门间的沟通协调。

第三，活动流程应畅通无碍。

第四，大堂应设有宾客休息区，为客人提供一定的私人空间。

二、前厅的环境要求

前厅大堂作为饭店的“门面”，其对于环境的要求相应较高：温度、湿度、采光必须适宜；装饰、摆设应与饭店的星级、品位相适应；背景音乐的风格、音量应与饭店整体氛围相适宜；环境洁净、安全。具体要求如下。

第一，大堂应宽敞舒适，其建筑面积应与整个饭店的接待能力相适应。

第二，大堂应有一定的高度，不会使人感到压抑，采光良好。

第三，整体布局合理，装饰华丽。

第四，空气清新，温度适宜，空调应调节到令人舒适的温度。

第五，背景音乐适宜。最好为客人播放各种轻音乐、民族音乐等，音量适中，有良好的隔音效果。

第六，灯光柔和，温度适宜。

第七，地面表层美观。最好为大理石或优质木地板，既豪华美观，又便于清洁。

第八，位于大堂的部门招牌应醒目，便于为客人提供服务。

三、前厅部的常用设备

由于各部门职责和业务范围的不同，配备的设备也不同。总体来说，前厅常用的设备包括：电脑、电话、复印机、打印机、传真机、POS 机、保险箱和行李车等。

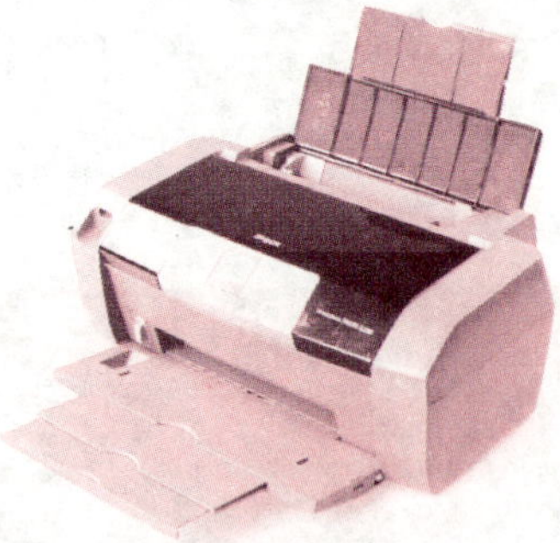

打印机

传真机

行李车

行李车

POS机

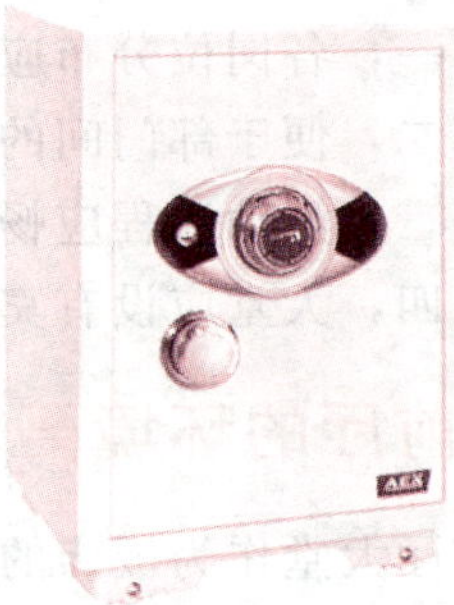

保险箱

案例与思考

一天，一位客人来到前台，对服务员说道："我认为在你们前台背景墙上挂着的各国时刻钟表不太适合你们饭店的档次，要知道你们是五星级的大饭店，那些挂在后面的表实在是显得有些陈旧，建议你们将它们摘下来。"以尊重客人的意见为宗旨，饭店的大堂副理专门跟客人作了交流，并征询了其他客人的意见，最终经总经理审批，摘下了挂了多年的各国时刻钟表。

思考：

从这个案例中我们发现，饭店前厅部的布局、设计应按照客人的需求不断调整和变化，这说明一个什么问题？

想一想

一天，一位香港客人来到前台办理入住登记，负责接待的员工照例向客人询问所需要的房间类型，但因客人不懂国语，而该员工粤语水平又欠佳，尝试用蹩脚的粤语向客人解释，但客人仍听不懂，趁客人转身拿回证件时，该员工向精通粤语的行李员求救。该员工把要向客人说明的事情告诉了行李员，然后由他转诉给客人，该员工的本意是想减少由于沟通困难产生的尴尬，并节省时间，但没考虑到此举动让客人觉得不被尊重。由于粤语不熟练又不了解客人的心理，导致客人投诉。

事实上，服务语言是前厅部员工使用频率最高的“工具”，作为一名优秀的饭店员工，不仅应该能够熟练地操作各种有形设备，更应该熟练地掌握至少一门外语，这样才能与客人进行有效沟通。那么你认为，应当如何加强外语服务的训练呢？

综合实训

1. 组织学生到本地饭店实地参观考察前厅部。
2. 观看饭店前厅服务的录像。

项目二 PROJECT 2 前厅服务礼仪规范

前厅服务人员的服务礼仪关系到客人对饭店第一印象的产生和最后印象的形成。前厅服务礼仪主要包括：前厅迎送服务礼仪、前台接待服务礼仪、商务中心服务礼仪和电话总机服务礼仪等。文明的礼貌用语和稳重优雅的举止是前厅服务人员文化修养和精神面貌的重要体现，同时也集中展现饭店的服务质量。因此，前厅服务礼仪规范在前厅服务中显得特别重要。

任务一 MISSION1 前厅部服务接待流程及服务用语

任务描述

饭店前厅礼宾服务处的英文名称为“Bell Service”，在高档饭店中称为“Concierge”。在饭店前厅礼宾服务中，服务人员要做到语言优美，礼貌待客，举止文雅，仪态大方，这样才能满足客人希望受到尊重的心理，才会使客人体会到家的温暖和亲切。因此，了解前厅服务的标准接待流程，掌握相关的服务用语十分重要。

一、前厅部标准服务接待流程

前厅部作为饭店的重要职能部门，其标准服务接待流程如图 2-1 所示。

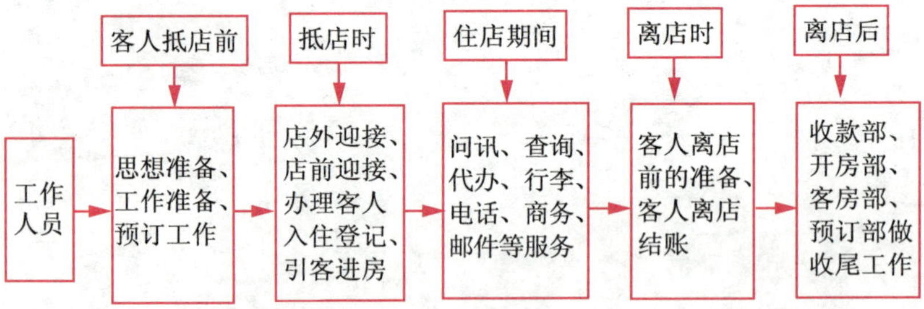

图 2-1 前厅部标准服务流程图

(一)客人抵店前的准备工作

前厅接待人员应随时做好接待客人的各种准备工作。预订处要做好客房状况显示图，准备客房预订的各种资料；问询处要做好应对客人各种需要的信息资料，及时回答客人的咨询；行李处做好行李车的检查及行李签的准备；楼层服务员要备齐客人入住登记时的各种表格、客用钥匙等。客房预订人员要热情接待，诚恳介绍，尽量满足客人的要求。

(二)客人抵店时的接待工作

客人抵店时的接待工作，是由饭店代表、迎宾员、行李员以及楼层服务员等前厅工作人员协作共同完成的。其接待流程包括店外迎接、店前迎接、客人入住登记、引领客人进房等。店外迎接的主要目标是为客人提供快捷、妥当的服务，并不失时机地为饭店做好宣传工作，负责从机场、车站、码头迎接客人开始，到客人上车或抵达饭店这段时间内负责客人与行李的安全。店前迎接要求行李员与迎宾员要密切配合，协调工作，共同把迎接客人的工作做好。入住登记是整个前厅部对客人服务过程的一个关键阶段，是饭店与客人间建立正式合法关系的最重要环节。入住登记后，接待员将客房钥匙交给客人，并将行李员介绍给客人，由行李员送客人到房间。

(三)客人住店期间系列服务

客人住店期间前厅部的系列服务，主要指前厅部业务范围内的有关问询、查询、代办、行李、电话、商务、邮件等服务项目。总体要求是：规范服务，严格标准，有求必应，热忱相助。

(四)客人离店时的服务

在客人离店前，与客人离店有关的前厅服务人员要做好客人离店的充分准备。收银员必须根据楼层服务员提供的前一天所制作的“次日离店客人名单”，抽出当日预期离店客人的账卡，做进一步的审核，并电话通知将客人的消费账单迅速转至收银处，为快捷、准确地为客人办理离店结账手续做好准备。问询员在客人离店前须详细检查客人的信件及留言，并及时将信件及留言送到客人手中。若客人外出，应将信件及留言放入该客人的房间钥匙存放架中，以便及时交给客人。行李处在接到客人离店并要求运送行李的通知时，须核对清楚客人姓名、住房号、行李件数以及要求搬运行李的时间，并安排行李员在约定的时间上楼搬运客人行李。电话总机在接到客房部送来的“次日离店客人名单”时，应及时查看有无长途电话费未交的情况，询问客人需不需要叫醒服务等。

(五)客人离店后的服务工作

客人结账离店后，收款员要在客人账单上打上客人的离店时间，然后将账单妥善保存。前台要及时更改客房状态，迅速通知客房部，安排打扫、整理客房。客房部要及时安排人员将客房尽快整理好，补足各种客用品。预订部或客房部门安排专人给前一天离店的所有散客及团体整理、制作客史档案。

二、前厅部常用服务用语

前厅部常用服务用语主要是指饭店前厅在服务过程中，表示服务人员自谦恭敬之意的一些约定俗成的语言及其特定的表达形式。它具有体现礼貌和方便及提供优质服务的双重特性，是前厅服务人员向客人表达意愿、交流思想感情和沟通信息的重要交际工具。

(一)常用服务用语的作用

随着我国饭店业的迅猛发展，饭店之间的竞争主要表现为服务人员素质和服务质量的竞争，以个性化服务为特征的优质服务已成为招徕客人的口号和手段。

常用服务用语既是饭店服务工作的内容和需要，也是以个性化服务为特征的优质服务的一种体现。在饭店服务过程中，服务人员恰到好处地使用服务用语，不仅可以表现出本人的亲切、友好、和蔼与善意，使客人感受到礼遇和尊敬，同时也显示了饭店员工良好文明的素质和教养，从一个侧面也反映了饭店的层次和服务水平。在服务岗位上，准确适当地运用服务用语，是对服务人员的一项基本要求，也是做好本职工作的基本前提之一，如图 2-2 所示。

图 2-2

(二)常用服务用语的特点

1. 谦恭性

饭店前厅服务人员在工作中，对客人服务时说的每一句话，都应该恰当地使用各种能体现自谦恭敬的礼貌性语言，使客人感受到自己得到了充分的尊重。

2. 亲和性

饭店服务人员在运用服务用语时，必须做到亲切自然，从语音、语速到语态都要有亲和力，让客人听在耳中，喜在眉宇，暖在心田。

3. 规范性

饭店服务人员使用的服务用语，在内容与形式上有明确的规定，是在长期的服务过程中形成的。因此，使用服务用语必须规范，不能随心所欲。

4. 服务性

饭店前厅服务人员使用服务用语的主要目的就是服务。要让客人从自谦恭敬的服务用语中，感受到服务人员服务的诚意，同时又领悟到话语中的行为指向。

(三)常用服务用语的要求

1. 态度诚恳

饭店前厅服务人员在使用服务用语时的目光、神态、表情十分重要，态度必须诚恳，让客人感到服务人员表里一致，情从心生。

2. 用语文雅

饭店前厅服务人员应坚持使用雅语，如用“几位”代替“几个人”，用“哪一位”代替“谁”，用“贵姓”代替“你姓什么”，用“洗手间”代替“厕所”等。这样会让客人觉得更文雅，避免粗俗。

3. 措辞规范

饭店前厅服务人员用词要准确，尽量避免使用口语化的语言，也不要使用方言，以免让客人心生疑虑，从而带来不必要的麻烦。

4. 声音动听

饭店前厅服务人员使用服务用语时要语音标准，嗓音动听，音量适度，语调婉转，语速适中，从而增加语言的感染力与吸引力，使客人感到亲切和自然。

5. 表达灵活

饭店前厅服务人员在使用礼貌用语时，还必须察言观色，随时注意客人的反应。针对不同性别和年龄的客人，根据不同的场合，灵活地运用不同的用语，有利于沟通和理解，从而避免矛盾的产生或使矛盾得到缓解。

(四)常用服务用语的基本类型

按照饭店礼仪规范，饭店前厅服务人员使用的服务用语往往有其特定的适用场合，而在不同的场合使用服务用语，对其内容又各有特殊要求。饭店常用服务用语主要有以下几种类型。

类　型	表达举例	适用场合	注意事项
问候用语	“您好!”“早上好!”“徐先生，晚上好!”“晚安”等	适用于服务人员在遇到客人时，彼此向对方询问安好，致以敬意，或者表达关切之意	1. 服务人员应主动向客人问候 2. 如果客人不只一人时，服务人员进行问候时，应采取“统一问候”“由尊而卑”和“由近而远”的原则进行问候 3. 不宜使用非正式的问候用语
迎送用语	“欢迎光临!”“欢迎您的到来!”“再见”“慢走”“走好”“欢迎再来”“一路平安”等	适用于服务人员在自己的工作岗位上欢迎或送别客人	1. 欢迎用语往往离不开“欢迎”一词的使用 2. 在客人再次到来时，应记得对方，让对方感到被重视 3. 在使用欢迎用语时，还须同时向客人主动施以注目、点头、微笑等见面礼 4. 注意不要忘记使用送别用语
请托用语	“请”“请稍候”“打扰”“劳驾”等	请求客人帮忙或是协助工作时使用的专项用语	在服务工作中，服务人员不管是需要理解，还是寻求帮助，都要诚恳地使用请托用语
致谢用语	“谢谢!”“谢谢郑小姐!”“非常感谢!”等	在对客人的服务中，使用致谢用语，意在表达自己的感激之意	在下列情况下，服务人员应及时使用致谢用语：获得客人帮助时；得到客人支持时；赢得客人理解时；感到客人善意时；婉言谢绝客人时；受到客人赞美时

续表

类　型	表达举例	适用场合	注意事项
征询用语	“您需要帮助吗?”“您需要什么?”“您打算预订雅座，还是预订散座?”	适用于服务过程中，服务人员以礼貌的语言主动向客人进行征询	以下五种情况时，服务人员应当采用征询用语：主动提供服务时；了解对方需求时；给予对方选择时；启发对方思路时；征求对方意见时
应答用语	“好”“随时为您效劳”“这是我的荣幸”“没有关系”等	适用于服务过程中，服务人员回应客人的召唤，或是答复其询问	基本的要求是：随听随答，有问必答，灵活应变，热情周到，尽力相助，不失恭敬
赞赏用语	“太好了”“十分漂亮”“您的观点非常正确”等	适用于与客人交往时，称赞或者肯定客人	使用赞赏用语时，应少而精，恰到好处
祝贺用语	“祝您好运”“身体健康”“新年好”“节日愉快”“生日快乐”等	在服务过程中，服务人员有必要向客人适时地使用一些祝贺用语	祝贺用语要因人而异，同时要注重其时效性
推托用语	“您不再点别的吗?”“我们这里规定，不能乱开发票”等	适用于难以满足客人的某些要求情况时	在解释原因或是回绝对方时，一定要讲究方式方法，要做到语言得体，态度友好，理由充分，以淡化客人的失望情绪
道歉用语	“抱歉”“对不起”“请原谅”“不好意思”“多多包涵”	适用于在服务过程中，因种种原因给客人带来不便，或妨碍、打扰对方时	表示歉意要及时，使用道歉语言要规范，切忌做得过分

当然，饭店前厅服务也有一些忌讳用语。所谓忌讳用语，通常是指饭店前厅服务人员在服务客人时不宜使用，并应当努力避免使用的某些词语。饭店前厅服务忌讳用语的主要类别如下。

类　型	举　例	相关要求
不尊重之语	“老家伙”“傻子”“呆子”“侏儒”“瞎子”“聋子”“麻子”“瘸子”“肥”“矮”	在服务过程中，任何对客人缺乏尊重的语言，尤其是与其身体缺陷、健康条件方面相关的某些忌讳，服务人员均不得使用
不友好之语	“你消费得起吗?”“没钱还来干什么?”“装什么大款!”“一看就是穷光蛋!”“你算什么东西!”“瞧你那副德性!”“我就是这个态度!”	在任何情况下，都绝对不允许服务人员对服务对象采用不够友善，甚至满怀敌意的语言

续表

类　型	举　例	相关要求
不耐烦之语	“我也不知道。”“那上面不是写着了吗?”“着什么急!”“找别人去!”“累死了!”“烦死人了!”	要提高服务质量，就要在接待客人时表现出足够的热情与耐心。要努力做到：有问必答、答必尽心，百问不烦，百答不厌；不分对象，始终如一
不客气之语	“瞎动什么?”“弄坏了你管赔?”“拿零钱来!”“你问我，我问谁?”	服务人员在工作之中，有不少客气话是一定要的，而不客气的话则坚决不能说上一句

案例与思考

令人费解的服务

2009年3月13日20时，南京某饭店前厅礼宾处从禄口机场接到一批前来参加一个全国性会议的客人。这批客人共15人，到店时已经晚上九点多了。大会会务组告诉客人，可先到房间住下后再办住店手续。半小时后，这15位客人依约来到前厅办理手续。前台工作人员先例行登记，然后一一将身份证扫描。由于人数较多，加上这15位客人还没有吃晚饭，因此希望工作人员能快一点。听了客人的要求后，工作人员未作任何表示。半小时过去了，客人催促办理登记的速度应快一点，工作人员仍未作任何回答，也没有任何表情。十点多钟，工作人员终于办理完毕，但说要将每个人的身份证存放在前台。客人不理解，多次出外开会，从未听说过要将身份证放在前台一说，万一弄丢了怎么办，前台说如果弄丢了由饭店负责。客人说真正丢了，饭店也负不了责，身份证弄丢将给出行带来很大麻烦。最后，经与会务组协商，身份证才不用存放在前台。会议第三天，这批客人根据会务组安排，需要在另一座城市住宿，第四天回到饭店，前台还是坚持按到店时的程序重新办理登记、将身份证扫描、安排房间等，客人感到很不理解。

思考：

1. 前台在给客人办住店手续时未说一句话，也没有任何表情，这样做是否合适?
2. 会议报到时这批客人已办完了四天所有手续，第四天返回饭店时还要重办住店手续，前台这样的要求合理吗?

综合实训

模拟前厅服务人员与客人进行常用服务用语对话训练。

任务二 前厅迎送客人礼仪

任务描述

前厅服务人员的服务礼仪直接关系到客人对饭店第一印象的产生和定格印象的形成。因此，礼貌待客在前厅服务中显得特别重要。前厅迎送客人礼仪包括接站礼仪、陪车礼仪、到店接待礼仪和离店送客礼仪四个方面。要通过迎送客人服务项目的学习和训练，使学生学习饭店到机场(码头、车站)代表服务和在门厅迎送客人服务的相关知识，掌握饭店迎送客人服务的程序与标准。

一、接站接机礼仪

接站接机，是指饭店派员工到飞机场、火车站、客运码头迎接来店客人的服务。站、场迎接是现代饭店在市场竞争中，为提高服务水平、争取更多顾客而采取的重要措施。站、场迎接包括迎接已预订房间的客人，也包括未经预订临时前来投宿的客人。一般来说，站、场迎接应以前者为主，对于临时客人，只要饭店尚有空房待售，便应一视同仁，均在迎接之列。若饭店客房已满，应婉言解释，请客人谅解。站、场迎接工作，一般按如下程序进行。

第一，熟知当日、次日客情，在预订客人抵达前一天，核对客人姓名、人数，了解他们是否需要到站、场迎接，他们所乘的交通工具，抵达时间，其中有无需要特别照顾的客人，即有无病、残人员等。

第二，按客人抵达的时间分批迎接，按每批抵达的人数和迎接要求，向车管部门联系订车，如大客车、旅行小巴、小客车、行李车等。站、场迎接工作应注意与站场送客协调起来，尽可能做到先送后接，利于节约人力、物力，同时方便客人。

第三，比飞机或火车到达时间提前 20 分钟到达，有的大型饭店在机场、车站设有服务处，有鲜明的饭店标志，客人很容易看到。若饭店在机场、车站没有设服务处，饭店代表应随身带上饭店标志，挂放在显眼的地方，方便客人辨认。

第四，接到客人后，主动问候，表示欢迎，表明自己的身份和任务，并帮助其提取行李，引领上车。根据客人房号(已排房)开立账单，将车费录入客人账目或由司机收费。

第五，使用电话通知前厅礼宾值班台客人的抵店信息。一旦出现误接或在机场找不到客人，应立即与饭店取得联系，核对客人是否已自己乘车抵店，并及时与前台确认。

第六，接到团体客人，先安排客人上车休息，并收取客人的行李牌，代客人领取行李。客人可先乘车回饭店，行李由饭店代表随后领出运回，若客人要求行李跟随，则应按客人要求办理。迎接团体客人，要特别注意点齐人数，点齐行李，防止漏人漏物，对客人中的小孩、老人、病残要特别留心照顾好。

第七，在机场、车站、码头，若有临时前来投宿的客人，只要有空房，便应接待，既方便客人，也为饭店增加收入，应与对待预订客人一样热情。由于客房状况经常变动，为能做好此类客人的迎接，饭店最好为代表配备对讲机，与前台经常保持联系。

二、陪车礼仪

第一，客人车辆抵达时，应将车辆引导到方便客人下车的地方，雨天应引导到无滴水、地面无水坑的地方。车停稳后，替客人打开车门，然后热情地向客人致意问候。对重要客人及常客应礼貌、正确地称呼客人的姓名。客人乘坐出租车抵达，应等客人付完车费后再把车门打开。

第二，开车门时，要用左手拉开车门成 70 度左右，右手挡在车门上沿，为客人护顶，防止客人碰伤头部（对信仰佛教或伊斯兰教的客人则不能护顶）。关车门时也要小心，注意不要夹、碰客人的手或脚。同时要注意扶老携幼，如图 2-3 所示。

图 2-3

第三，团体客人到店前，应做好迎接准备工作。团体大客车到店时，应维持好交通秩序，迎接客人下车。对客人要点头致意并问好，对行动不便的客人要扶助他们下车，对随身行李较多的客人，应帮助搬运行李。客人下车完毕后要示意司机把车开走，或停在饭店附近适合的地方。

第四，正确引导、疏通车辆，确保大门前交通畅通。

三、到店接待礼仪

（一）恭候迎宾

门厅迎送服务主要由门童和行李员负责，他们代表饭店在门口和门厅接待客人，如图 2-4 所示。其接待服务的礼仪如下。

图 2-4

1. 上岗之前

做好仪表仪容的自我检查，做到服饰整洁，仪容端庄大方。

2. 上岗之后

面带微笑，站姿端正，精神饱满，全神贯注，恭候客人随时光临。

3. 车到店门

负责外车道的门卫要迅速迎向车辆，微笑着为客人打开车门，向客人表示欢迎。

4. 开启车门

凡来饭店的车辆停在正门时，服务人员必须趋前开启车门，迎接客人下车。开门时，一般顺序先为女宾、外宾、老年人开门，然后才是其他客人。开门时，一般先开启右车门，用左手拉开车门成 70 度，用右手挡住车门的上方，提醒客人不要碰头（对信仰伊斯兰教、佛教人士除外）。对老弱病残及女宾应予以帮助，并注意门口台阶。

5. 搬运行李

遇到客人带有行李，门童应立即招呼门口的行李员为客人搬运行李，并协助行李员装卸行李，要注意有无行李物品的遗漏，并携行李引导客人至接待处办理登记手续。

6. 周到服务

迎接员要牢记常来本店客人的车辆号码和颜色，以便提供快捷、周到的服务。逢雨天，客人到店时，要为客人打伞遮雨。

（二）进店服务

第一，陪同客人到总服务台办理手续时，行李员应侍立在客人身后两三步处等候，随时听候客人的吩咐。

第二，引领客人时，应走在客人的左前方一两步处，随着客人的步子速度徐徐前进。遇转弯处，要面带微笑向客人示意。另外，可在引领过程中向客人简要介绍饭店服务概况，如图 2-5 所示。

图 2-5

第三，与客人乘电梯时，应按住电钮，礼让客人先入电梯，到达时，同样示意客人先步出电梯。

第四，陪同客人到达客房后，将行李放在行李柜上，并向客人当面交代清楚，然后微笑告别："请好好休息，再见！"面对客人，后退一两步，自然转身退出房间，将房门轻轻拉上。注意关门不能太重以防造成客人不悦。

四、离店送客礼仪

第一，行李员到楼上的房间去搬运行李时，进房前无论房门是关闭还是敞开着，均要按门铃或用手指节敲门示意。在问清客人共有多少件行李物品后，小心提携并负责安全地运送到车上。

第二，客人离店时，迎宾员应主动上前向客人打招呼，问客人去处并代客叫车，用手势引导车辆停在适当位置，待车停稳后，迅速跑近，开启车门的最佳位置，拉开车门，请客人上车，并告诉司机客人的去处，向客人道别，感谢客人的光临，预祝客人旅途愉快。然后，等客人坐稳后再关上车门。

第三，当候车人多车少时，迎送员应礼貌地请客人排队乘车，并协助保安员维持秩序；当载客的车多人少时，迎送员应按汽车到达的先后安排客人乘车。如有许多客人正在排队，而有住客提出优先乘车的要求时，必须请客人先出示住房卡、房间钥匙或结账单。

第四，对重要客人离店，要准确掌握其离店时间，调好车辆等候客人并把汽车引到便于客人上车及存放行李的地方。经客人清点完行李后由行李员负责运送到车上，然后请客人上车，并为客人护顶，客人上车后，致告别语。轻轻关上车门，后退一步，微笑着向客人致意，目送客人离开。

第五，当团队客人、大型会议、宴会的与会者集中离开时，要提高工作效率，尽量减少客人的等候时间。送别团队客人时，应站在车门一侧，向客人点头致意，并注意观察客人的上车过程，如发现有行动不便的客人，应扶助其上车。人到齐后，示意司机开车。向客人们挥手道别，目送客人们离店。

第六，待车停稳后，替客人打开车门，请客人上车；待客人坐好后，为客人关上车门，但不可用力过猛，以免夹住客人手脚。当客人的汽车启动时，迎送员应躬身立正，站在车的斜前方 1 米远的位置，上身前倾 15 度，双眼注视客人，面带笑容，挥手向客人道别，目送客人离店，以示礼貌和诚意。

案例与思考

他错在哪里

在一个春暖花开的日子里，迎宾员小张，着一身剪裁得体的礼宾服，喜气洋洋地走上了迎宾员的岗位。一辆白色高级轿车向饭店驶来，小张用熟练而准确的姿势，并目视客人，礼貌亲切地问候，动作麻利而规范、一气呵成。当将车停靠在饭店豪华大转门的雨棚下。小张看到后排坐着两位气派非凡的男士、前排副驾驶座上坐着一位清丽脱俗的女宾。小张一步上前，以优雅的姿态和专业性的动作，先为后排客人打开车门，做好护顶，关好车门后，又迅速走向前门，准备以同样的礼仪迎接那位女宾下车，但那位女宾却满脸不悦，让小张茫然不知所措。

思考：

通常后排座为上座，一般凡有身份者皆在此就座。优先为重要客人提供服务是饭店服务程序的常规，为什么这位女宾不悦？小张错在哪里？

综合实训

1. 练习为到店散客开车门和护顶的程序。
2. 就团体客人行李服务规程进行操作练习。

任务三 电话总机服务礼仪

MISSION3

任务描述

电话是饭店前厅服务中重要的联络工具，无论对外开放、对内联络还是对客人服务都是最快和最有效的消息传递媒介。电话总机是饭店对内对外信息沟通联络的枢纽。电话接待是在通话双方不露面、看不见表情、看不见手势的情况下进行的，总机话务员是饭店里“看不见的服务员”。许多客人正是通过总机的声音和通话方式产生对饭店的第一印象。因此，我们应该像塑造视觉形象一样，塑造打电话时的话语形象。学习拨打、接听电话的基本礼仪，讲究拨打和接听电话的基本技巧，了解拨打、接听电话的一些注意事项，是十分重要的。

一、拨打电话的基本礼仪

在通常情况下，前台与客人的联系是通过电话进行的，因此要掌握一定的拨打电话的技巧。要想成功地利用电话，关键是要记住通话的客人看不到服务者。而服务者面临的挑战是如何有效的利用自己的声音弥补非言语交际的缺失带来的负面影响，如图 2-6 所示。

图 2-6

第一，如果要催请客人到餐厅用餐，或催请客人到会议室开会，或催请客人到前厅外广场乘车，最重要的是将前台的名字告诉接电话者。让接电话的人知道通话对方是前台，就好像在和他面对面交谈一样。

第二，对着话筒微笑。如果要催请客人到餐厅用餐，接通客人的房间电话后，一般会说："您好！我是总机，×楼餐厅正在用餐，请您马上到×楼餐厅用餐。"如果是催请客人到会议室开会，接通客人的房间电话后说："您好！我是总机，您参加的××会议马上就要开始了，请您乘电梯到×楼会议室开会。"如果是催请客人到前厅外广场乘车，接通客人的房间电话后说："您好！我是总机，您要乘坐的车马上就要发车了，请您到前厅外广场乘车。"让客人能够通过话筒听到你的微笑！

第三，在打电话的过程中，要让接电话者知道你需要他(她)做什么。打电话时，假如需要查阅信息，你可以把自己的目的告诉客人。千万不要让接电话者手握着话筒却无应答，不知道你是否要与他(她)通话。

第四，诱导接电话者切入正题。你可以向客人提出一些问题，诱导对方切入正题，比如，接通房间电话后，你可以问客人："先生您好！请问您需要我们的帮助吗?"或者"您需要我们为您做些什么吗?"

第五，牢记接电话者的需求。接到客人"叫醒电话"的要求后，要准确记录房号、叫醒时间，并对客人重复进行确认。如"叫醒服务"不在本班时间，要对下一班次做好口头、书面的交接。叫醒后在原记录上做好记号。在叫醒客人时，要注意客人是否已被叫醒，如叫醒时，无人应答，应再叫一次，仍无应答，应告知相应楼层服务员帮助叫醒，搞清无人应答的原因，以免出现意外。按照上述程序叫醒后，要在交接本上做好记录。

第六，对接电话的人表示感谢。你的声音在语调、语速和音高方面要富于变化。你可以往自己声音中注入一点儿活力，从而引起接电话者对你的说话内容注意，如果你想作出诚恳的反应，一定要富有表情，使你的语调显得自然而又亲切。这样做会让接电话者意识到你的催请或提醒完全是对他(她)负责。

第七，使用友好而得体的字眼。决不能以任何理由对客人进行指责，也决不能向客人表示他(她)所提的要求不合情理。

二、接听电话的基本礼仪

应在电铃三响内接听，因占线或业务繁忙应请客人稍候。外转内电话应先问好，然后报店名。内转电话和店内接转先报总机。接转动作准确熟练，无人接听电话，询问客人是否需要留言。不给机台交换机留空，整个接转电话服务中无错误，无漏接、误转、误接现象发生。客人请总机接拨国际或国内长途，掌握客人房号、姓名和具体要求，接通长途电话应迅速及时，通报本机，分机号，将信用卡号码记录准确，核对无误，保证计时入账准确。受理店外客人长途电话时，先请客人付定金，提供热情周到服务。整个长途电话服务应做到分类受理清楚，接挂快速准确，计时收费手续规范。

第一，保持良好的精神状态，随时做好接听电话的准备。接听电话时语言要亲切、规范，用语要文明、礼貌，语调要自然、甜美。接到打进的电话，要先主动报出自己饭店全称，然后倾听来电内容，再分别处理。

第二，接听电话要迅速及时。接听来电，务必在铃响三声以内接听，并清晰问候："早上/中午/下午好。""先生/小姐，对不起，房间电话占线，请您稍后再拨，好吗?""对不起，房间电话占线，我给您转服务台，让服务员帮您叫一下好吗?""您好，我是总机话务员，您的长途已开通，请您拨'0'，再拨区号，然后再拨您要的电话号码。"

第三，听清电话内容，判断分机是否正确。告知客人请稍等，按下分机号码。接转电话，准确无误。接转电话时要做到精力集中、准确无误。接转中不得监听通话内容。客人托挂的长途电话，在其通话后，应准确记录下通话的房间号、姓名和通话时间，记账留存，做到不漏不错。

第四，接到住客打"长途电话"的要求后，请客人先挂断电话稍等。问询前台能否为该房间开通"长途电话"。如不能，打电话至房间告知客人需补交"长途电话押金"方能开通该业务。如可以开通，打电话通知客人并指导应如何使用。服务要周到细心，给客人一种方便感。

第五，明确具体地回答客人的问询。话务员应及时报出饭店各个部门、岗位及当地主要政府机构、社会团体的电话号码。对外来查询住店客人的电话，应注意为客人保密，不能泄露房号。可婉言请客人等待。然后接通住客电话，如住客不同意，则委婉回拒客人。当住客或访客需要特殊服务而求助电话总机时，话务员应及时与相关部门联系，满足客人合理的要求。

第六，主动及时地代客留言。如果来电找已住宿的客人通话，而此人此时又不在饭店内，无论是市话还是长途，话务员都可主动请来电方留下姓名、地址和回电号码，以便转达；待客人归来，话务员要及时转告，以方便其回电。如果来电方要求直接留言，话务员应做好详细记录，并向对方复述核对后挂断电话，再及时转告给住店客人。

第七，若遇电话对方找人，应问清楚寻人者姓名及电话来源，便于找到所要找的人时能作好清楚简述。如果对方要找的人不在，要试着询问对方有无重要事情，或者试着了解对方来电的目的，看情况决定处理的方式。如遇到外来电话有拨错打错的现象，不可无礼对待。因为总机肩负重责，对外而言，代表着饭店的形象。

三、处理特殊情况的基本礼仪

第一，当你正在接听电话，有客人前来要求服务时：应面带微笑，点头示意，暗示客人将会尽快为其服务。迅速结束电话交谈，中文讲："对不起，让您久等了！"对外宾服务时讲："Thank you for your waiting."

第二，当你正在为客人服务，有电话打进来时：应面带微笑，向暂时被中断服务的客人讲："对不起，请您稍候。"按照接听电话要求及程序接听电话，并尽快结束接听电话。放下电话后，应立即向被中断服务的客人致歉，讲："对不起，让您久等了！"对外宾服务时讲："Thank you for your waiting."

第三，当来电要找的人不在时，我们应询问对方是否需要留言或回电话。"对不起，先生(女士)，××现在不在这里，您是否需要留言服务。请问您的电话号码、名字(用尊称)。"做好留言记录，边记录边重复客人留言，最后全部复述一遍。

四、拨打接听电话的注意事项

第一，通话过程中要做到简捷明了，尽量将语意表达清楚，言简意赅。说话时含含糊糊、口齿不清楚，很容易让客人不耐烦。

第二，不要因为客人身份的改变而改变通话语气，应该自始至终使用亲切平和的声音平等地对待客人。如果客人听到声音发生明显的转变，心里很容易产生反感。

第三，通话过程中始终要注意言谈举止，三思而后言。说话时速度要适当，不可太快，这样不但可以让客人听清楚所说的每一句话，还可以进行自我警醒，避免出现说错话而不能及时发现的情况。说话的语调尽量做到抑扬顿挫和流畅，给人舒服的感觉。

第四，接听电话最多只能让客人等候七秒钟。否则很容易让客人产生收线、以后再打的想法。如果让客人等待，则需要说："对不起，让您久等了。"

第五，在通话过程中，如果需要私下和其他人交谈，注意按保留键，不要直接对着话筒跟其他人说话。否则，有些私下的交谈甚至对人的批评语言在不经意间让客人听到了，很可能使客人不高兴。

第六，通话过程中回答问题不要太大声，不然将造成双方的疲劳。如果客人使用的电话通话效果不好，则应该向客人致歉，并征求客人的意见，是否要更换通话地点，或者留下电话号码稍后再拨。

第七，如果指定的通话对象正在饭店会议室参加会议，那就不要将电话转接到会场中去。可以将所有电话内容据实记录下来，等会议完毕之后再转交。

第八，如果在通话过程中突然发生意外情况而导致通话中断，那么就应该按照客人的电话号码迅速重新拨打过去，不要让客人以为是故意挂断了电话。电话重新接通之后，应该立即向客人致歉，并说明断线的原因，取得客人的理解。

第九，如果客人不小心拨错了电话，记住不要对拨错电话的人大呼小叫，而应该礼貌地告知对方电话拨错了。因为电话接通后已经报上了饭店名称，如果此时对客人不礼貌的话，等于破坏了饭店的形象。

第十，转接电话时，不要因为对方所要找的人不是总机就显得不耐烦，不要以“打错了”为理由打发客人，而应该友好地答复：“对不起，这里是总机，需要我转告什么吗？”

第十一，在接听一个客人电话的时候，常常另一个电话铃响起，如果同时拿起两个电话讲话，很容易造成声音互相交错，结果两边都无法听清楚。因此，遇到这种情况时应该选择先接听比较重要的电话，然后再回拨另一个电话。

第十二，帮助同事留言时，要注意记录来电内容的重点，应该包括：来电者公司、部门、姓名、职称、电话、区域号码、事由、时间等内容。此外，还应该记录留言者的部门和姓名，以方便问题进一步的了解。

第十三，不要将电话当烫手山芋一样到处转接。电话接听后发现不是自己的，就把电话转接到同事那里，同事又将电话转接到其他同事那里。这样将电话当作烫手山芋到处转接，很容易让客人产生不愉快，对饭店产生不好的印象。

第十四，在与客人通话的过程中，不管遇到任何情况，都不允许说出秽语，也不要随意议论客人的是非。否则很容易得罪客人而使饭店形象受损。

第十五，通话的时候一定不要忘记请教来电者的姓名或公司等，可以采用类似的语句：“请问您尊姓大名”“请问贵公司宝号怎么称呼”。

案例与思考

被留住的客人

一天下午六点钟左右，前台来了三位客人，当客人提出要开特价房时，接待员很礼貌地告诉客人“对不起，先生，这种房间已售完，您看其他的房间可以吗？”话未说完，客人就不高兴了“怎么会没有呢，是不是你们骗我？”，这时接待员耐心地向客人解释：“先生，我们这种房间的数量是有限的，每天只能推出十几间房特价出售，今天是周末，要这种房的客人比较多，一般到了下午这个时候已售完了，假如您提前打电话跟我们预订，我们就可以帮您留出来，不过，您这次的房价我可以按贵宾的优惠给您打折，您看怎么样？”客人有些犹豫，但另外两位同伴已经不耐烦地说道：“不住这里了，到××饭店去，那里肯定有”，不过这位客人似乎对接待员的一番话有点心动，对他的同伴说：“难得小姐这么热情地接待，就住这里算了，不过，说实在的，最主要的还是我觉得你们饭店客房电话特别安静，也没有骚扰电话。”

思考：

三位客人要住特价房，但饭店特价房已售完，是什么原因使这三位客人最终留了下来？

综合实训

模拟训练各种情境下的话务服务规范用语，达到自然、熟练的程度。

任务四　前厅接待服务礼仪

MISSION4

任务描述

前厅接待服务的主要内容是迎送客人及为客人提供行李及其他服务。前厅接待服务人员是饭店的形象代表，接待服务工作的好坏，关系到客人对饭店第一印象的形成。因此，接待服务人员应加强修养，注重礼节，服务周到、细致，争取留给客人良好的第一印象，加深客人对饭店的友好感。接待服务应准确无误，对客人的称呼要正确，体现对客人的尊重，对客人的行李要爱护，对客人交办的事情要询问清楚，不拖延时间，真正做好饭店的形象大使。

一、门厅服务礼仪

门厅服务是指对客人进出饭店正门时所进行的一项面对面的服务。门童是代表饭店在正门迎送客人的专门人员，是饭店的“门面”，也是饭店形象的具体体现。门童在岗时，着装要整齐，仪容仪表要端正、大方，站立要挺直，不可叉腰、弯腰、靠物，走路要自然、稳重、雄健，仪表堂堂，体格健壮，精神饱满，目光炯炯，与保安员、行李员等相互配合，保证迎客、送客服务工作的正常进行，如图 2-7 所示。门厅服务的礼仪如下所述。

图 2-7

第一，载客车辆到店时，负责外车道的门童应迅速走向车辆，微笑着为客人打开车门，向客人表示欢迎。

第二，载客车辆停在饭店正门时，门童趋前开启车门，迎接客人下车。一般先开启右车门，用右手挡住车门的上方，提醒客人不要碰头。对老弱病残及女宾应予以帮助，并提醒客人注意门口台阶。

第三，车上装有行李，应立即招呼门口的行李员为客人搬运行李，协助行李员装卸行李，并注意有无遗漏的行李。如暂时没有行李员，应主动帮助客人将行李卸下车，并携行李引导客人至接待处办理登记手续，行李放好后即向客人交接及解释，并迅速到行李领班处报告后返回岗位。

第四，客人进店时要为客人开启大门，并说：“您好，欢迎光临。”恰到好处地向客人介绍饭店的情况；逢雨天，客人到店时，要为客人打伞。要牢记常来本店的客人的车辆号码和颜色，以便提供快捷、周到的服务。

第五，客人离店时，负责离店的门童应主动上前向客人打招呼并代客人叫车。待车停稳后，替客人打开车门，请客人上车；如客人有行李，应主动帮客人将行李放上车并与客人核实行李件数。待客人坐好后，为客人关上车门，但不可用力过猛，也不可夹住客人手脚。车辆即将开动时，门童应躬身立正，站在车斜前方一米远的位置，上身前倾 15 度，双眼注视客人，举手致意，微笑道别，说：“再见”“一路平安”“一路顺风”“谢谢您的光临”“欢迎您再来”“祝您旅途愉快”等。

第六，疏导车辆，保持大门前交通的畅通。负责大门口的安全，如发现有形迹可疑的人在大门口停留，应上前询问，必要时让保安人员处理。

第七，当团队客人、大型会议、宴会的与会者集中抵达或离开时，要提高工作的效率，尽量减少客人等候的时间。对重点客人车辆的抵达或离店要先行安排，重点照顾。

第八，当候车人多而无车时，应有礼貌地请客人按先后次序排队乘车。载客的车多而人少时，应按汽车到达的先后顺序安排客人乘车。

二、行李员服务礼仪

(一)散客进离店行李服务

第一，客人进店，行李员从门童处拿到行李或自己从车上卸下行李，确认行李件数并检查行李有无破损。若客人在场，应表示问候和欢迎，请客人查点行李。接到客人离店取行李的电话通知时，问清房号、行李件数，选择适当行李车到客房报到。到房间后，若客人不在房间，请客房服务员开门，取出行李。按客人所讲行李件数，检查房内是否还有客人遗留物品。

散客行李(入店/出店)登记表

日期(Date)

房号 Room No.	上楼时间 Up time	件数 Piece	行李员 Porter	出行李时间 Departure Time	行李员 Porter	车牌号码 Taxi NO.	备注 Remarks

第二，在客人办理入住登记手续时，行李员应手背后，站在前台一侧(客人侧后方，离前台约四米以外的地方)等候客人，眼睛注视着前台接待员。行李员将行李放在大厅，系上行李卡。行李较多时，在行李卡上写上“IN”和行李件数。离店时，行李员将客人行李取到大厅后系上行李卡，并在行李卡上写上“OUT”、房号、件数、特殊要求，在行李登记表上做好记录。

第三，客人办完入住登记后，行李员迅速主动询问客人房号，为客人引导电梯方向，然后陪客人进房或单独将行李送到客人房间，在途中应主动热情地问候客人，并适时介绍饭店特色，新增设的服务项目，特别是推广的活动等。若不能确认行李时，应请客人自己认领，再送入房间。离店时，行李员凭行李单和客人结账手续放置行李，询问客人是否交回了客房钥匙，再将行李送到大厅门外。

第四，行李进房时行李员应先按门铃，再敲门，房内无反映，则用钥匙开门。自报身份后询问客人应将行李放在何处。若客人未表态，应将行李整齐地放在行李架上，并请客人核对行李件数。若是第一次来店的客人，应主动介绍房间设施和客人住店的注意事项；然后询问客人有无其他什么事情；若没有则离开客房，带上房门。客人离店，帮助客人联系出租车，并将行李装上车，请客人确认无误后，与客人告别，祝客人旅途愉快，欢迎再次光临。

第五，开门后，应先打开总开关，确认客房属可售房后，再请客人进入。将行李放在行李架上或按客人吩咐放好。如在白天，应为客人打开窗帘，将钥匙交给客人。若开门后发现客房未整理或客人对客房不满意，应立即向客人致歉，并快速与前台联系，迅速为客人换房。

第六，注意选择介绍的内容和介绍方法，避免出现空洞的“介绍”，诸如“这是卫生间”，“这是电视机”等，使客人厌烦。相反应介绍房内空调开关及棉被加枕的位置；冰箱位置及小酒吧的使用方法；电视机开关的位置及收费电视的使用方法；互联网插口处；卫生间冷热水开关及热水供应时间等。离开前，应询问客人是否还有其他吩咐。如客人无其他要求，则应向客人道别，祝客人入住愉快。然后将门轻轻拉上，迅速离开。

第七，送完行李回到大厅，在“行李员服务登记表”上做好记录。重要贵宾入住，要安排专职人员负责行李的运送。客人办理入住登记和与前来迎接客人的经理人员交谈时，要优先将客人行李送入房间，依据客人的意见，将行李摆整齐。送走离店客人后，回到行李处做好登记。

(二)团队客人进离店行李服务

第一，团队客人行李到店，行李员详细清点行李件数并检查行李有无破损。请领队或导游在“团队行李登记簿”上签字，做好行李交接。接到团队行李离店通知后，将团队编号和送下行李的准确时间记清，并写在交接班本上，找出该团队抵达店时所填写的行李表核对并整理此表。

第二，行李交接后，行李员将行李卸在适当位置，逐件系上行李卡。向柜台人员要团队房号单，按客人姓名查出房号，写在行李卡上。将行李送入客人房间。行李送到客人居住楼层后，也可以请客人自己认领行李。团队客人离店时，饭店行李员按照团号、团名和房号收取行李，与客人确认行李件数。对于行李仍未放出房间门口的客人，要及时通知该团队领队或陪同，并协助领队或陪同通知客人把行李拿出房间。置于房间内的行李不予收运。

第三，团队客人离店，按领队或导游要求收取行李。认真记录所取行李的件数，最后由领班统计行李总数，并写清团队号和行李件数，放在指定位置，用行李网罩好。把行李装上行李车后，应立即乘行李专梯将行李拉入指定位置整齐排好。找领队或陪同核对行李件数是否相符，有无错乱，如无错乱，请陪同在行李进出店登记单上签字，行李员同时签字。如客人还需要一段时间才离店，需用行李网将所有行李罩住，并由专人看管。

第四，领队或团队指定的有关人员来取行李，先请其核对行李件数，准确无误后，请其在“团队行李登记簿”上签字，办好交接。团队接到单位来运送行李时，应认真核对要求运送的行李的团名、人数等，无误后，才交给来人并装车，并请来人签名，行李员同时签名。

第五，团队客人若将行李存在饭店，集体外出游览后直接去机场或车站，不再返回饭店，行李员应在客人离店前主动通知前台收款处和问询处，核实客人有无支付账单，房间钥匙是否交回情况，并根据情况及时通知客人补办。行李交接完成后，将行李进出登记单交回礼宾部并存档。

(三)客人存放、领取、换房转送行李服务

1. 存放行李

当客人要求寄存行李时，应先问清是住客还是非住客(非住客的行李多数饭店是不予寄存的)。了解住客寄存行李要求，是短期寄存还是长期寄存。问清行李中是否有贵重物品或需特

殊处理的物品，并做好记录。请客人填写行李寄存单，并签名。将寄存卡的上联(提取联)交给客人，提醒客人注意保存，将下联(寄存联)系在客人行李上。若行李超过两件，应用绳子串系在一起，摆放在行李架上。客人寄存行李的同时，行李员应认真仔细检查每件行李是否已上锁，并提醒客人行李内不能放入贵重物品或易燃易爆、违禁物品等。将行李放入行李房中，分格整齐摆放。行李房要上锁，钥匙由行李领班或礼宾主管亲自保管。

2. 提取行李

礼貌地请客人出示行李寄存凭证。然后与系在行李上的寄存卡核对，确保两部分完全吻合。当面点清行李件数，客人确认无差错后再把行李交给客人。礼貌地请客人在行李寄存单上签名，同时把上联和下联订在一起，并盖上已取的公章，进行存档。帮助客人运送行李至指定地方，向客人道别。如果需要客人等候时，可以按行李寄存单上的姓名称呼客人，请客人稍候。如客人丢失寄存单，行李员一定要凭借足以证实客人身份的证件放行李，并要求客人写出行李已取的证明。如不是客人本人来领取，一定要请他出示证件，并登记上证件号码，否则不予放行。

3. 换房行李转送

行李员接到前台换房通知后，要问清客人现住房间的号码，并确认客人是否在房间。然后到前台拿新的房间钥匙及欢迎卡(或房卡)。到达客人现住房间时，行李员应先敲门，通报，经过客人允许方可进入。与客人一起清点要搬的行李及其他物品，将它们小心地装上行李车。引导客人进入新房间后，帮助客人把行李放好，然后收回客人的原房间钥匙和房卡，将新房间的钥匙和欢迎卡(或房卡)交给客人，并请客人在欢迎卡(或房卡)上签名。礼貌询问客人有无其他服务要求，若没有，应向客人道别，然后离开房间。行李员返回前厅，将客人的原房间钥匙和欢迎卡或房卡交给前台服务员。

三、电梯服务礼仪

饭店电梯是方便客人和员工上、下楼的重要代步工具。现代饭店大多使用自动电梯，不需要专人看管和服务。但饭店为了对某些重要客人显示对客人的重视程度或为尽快疏散客人，饭店礼宾部派行李员专门为客人操纵电梯或在电梯口引导照顾客人，使客人在搭乘电梯时既感到安全可靠，又觉得心情愉快，如图 2—8 所示。

图 2-8

第一，伴随客人来到电梯厅门前时，先按电梯呼叫按钮。轿厢到达，厅门打开时，若客人不止 1 人，可先行进入电梯，对着梯门侧身站立，一手按“开门”按钮，另一手按住梯门，礼貌地说“请进”，请客人们进入电梯轿厢。欲关梯门时，双眼注视反光镜，耐心地等候欲赶来搭乘电梯的客人；关梯门时要举手示意。注意最后入梯客人的安全，防止碰伤其手脚，等客人们站稳后再启动。

第二，进入电梯后，按下客人要去楼层的按钮。若电梯行进间有其他人员进入，可主动询问要去几楼，帮忙按下。电梯内尽量侧身面对客人。电梯停靠每一楼层，在开门前，应主动报清、报准层数，避免差错。停靠楼层时要举手示意，等到电梯停稳靠平后才能开门。向中途搭乘的客人事先报清电梯上、下行的方向。当电梯满载时，向在电梯外等候的客人有礼貌地打招呼："对不起，已满员了，请稍候"，并迅速返回接客，说："让您久等了，请进。"

第三，对老幼病残的客人，应主动搀扶其入梯，待其站稳后方可启动电梯运行。到达客人要去的楼层后，要搀扶其出梯，并帮助提携行李物品，与前来迎接的其他服务人员交接后方可回梯。善意劝阻儿童切勿擅自按动电梯开关，以防发生意外事故。

第四，电梯运行时因故障而中途停驶或停靠后电梯门一时打不开时，要沉着冷静，一方面要安慰客人，告诉他们不必担心；另一方面立即用电话与总机取得联系，请求派人来帮助排除故障。对因此而受惊的客人要坚持耐心解释，请求谅解，决不能在客人面前流露出急躁的情绪或与客人发生争执。

第五，电梯抵达目的楼层，一手按住"开门"按钮，另一手做请出的动作，说"电梯到了，您请!"陪送客人走出电梯，热诚地引导行进的方向，目送客人离去。

四、前台接待服务礼仪

(一)前台服务员的一般礼仪

饭店前台服务员是饭店的"窗口"，前台服务员的素质直接反映了饭店的服务质量和管理水平。前台服务员每天要面对大量的客人，影响面大，因此在服务工作中要特别讲究礼仪，给客人留下美好的印象。

前台服务人员的着装应该整洁，不要浓妆艳抹，不佩戴饰物，讲究个人卫生，上班前忌吃有强烈刺激味的食物。应站立服务，精神饱满，对客人笑脸相迎，主动热情。要有敬业精神，不能随便离开工作岗位去办私事。工作时间不能与旁人闲聊，不得对客人不理不睬。在任何情况下都不能与客人发生争执，要使用文明礼貌语言，不能讥笑、讽刺客人，不能言语粗俗，举止粗鲁。服务要热心、诚恳。当客人对服务不满进行投诉时，要耐心倾听，诚恳接受意见，不要打断客人的说话，更不能置之不理，要向客人真诚致歉，并马上着手解决问题。不能以貌取人，要做到对任何客人都一视同仁，热情服务。

(二)前台服务员回答问询时的礼仪

如图 2-9 所示，前台接待人员的日常工作常常是回答客人的问询，此时要注意以下礼仪。

第一，要有问必答，百问不厌。回答问询时应简洁明了，用词准确，口齿清晰。对本饭店的各部门位置、服务时间、各种设施了如指掌，不能用"可能""也许""大概"等模糊词语回答客人问询。

第二，接待客人问询时，要热心为他们当好参谋。除对本饭店情况熟悉、了解，还要熟悉本地其他服务性行业的有关情况，如旅游景点、往返路线、交通工具、购物场所等有关信息，以便随时为客人提供服务，避免一问三不知。

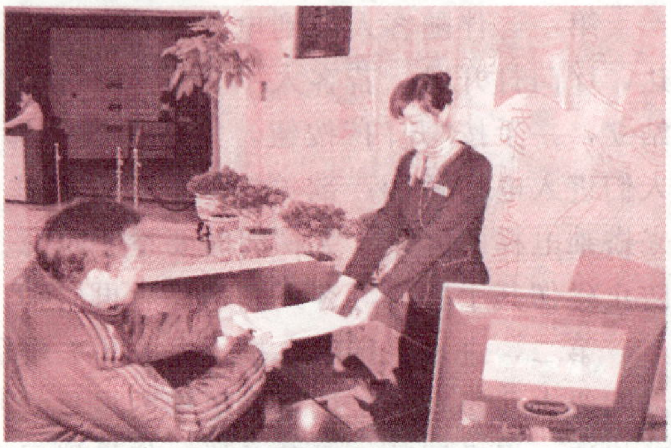

图 2-9

第三，回答客人问询时，对自己不知道的事表示歉意之后，尽量协助解决，不要不懂装懂，也不能轻率地说“不知道”，应请客人稍候一下，尽快向有关人员请教，给客人一个满意的答复。常用语如：“对不起，先生，这个问题让我先核查一下再答复您，请稍候片刻。”如果客人的问题经努力仍无法解答，应向客人解释致歉，求得谅解，但应尽量避免这种情况发生。

第四，客人提问时应注意倾听，不要心不在焉，反应迟钝。如没有听清，应说：“对不起，请您再说一遍好吗？”或“对不起，能否请您说慢一点。”“很不好意思，我没听清，请重复一遍好吗？”

第五，回答问题时要自动停下手中的其他工作，语调柔和，音量适中。如有众多客人同时问询，应从容不迫一一回答，不能只顾其一，冷落其他。

第六，当客人感谢您的良好服务时，应微笑致谢：“谢谢您的夸奖，这是我应该做的。”或“非常高兴为您服务。”“请别客气。”

（三）前台服务员接待工作的礼仪

饭店前台接待人员除答复问询，还有许多工作要做，如接待住宿、收发邮件、代办服务、结账告别等，在工作中要注意以下礼仪：

第一，热情接待每一位客人，使用恰当的礼貌用语。如：“您好！欢迎光临！”“先生，我能为您做些什么？”说话时，眼睛正视对方，上半身略向前倾。

第二，请客人填写住宿登记单，礼貌地验看客人的证件，与登记单核对无误后交还客人并致谢：“好了，谢谢您。”

第三，应尽量根据客人的要求安排房间，如客人对房间有特殊要求，在可能的情况下应尽量满足，如无法办到，应耐心向客人解释致歉，求得谅解。

第四，如客房已满，应向客人耐心解释，热心推荐其他饭店、宾馆，并当着客人的面马上主动与其他饭店、宾馆联系，设法帮助客人解决住宿问题，欢迎他以后再来。对已经预订出去的房间，一定要保留好，不要失信于人。

第五，要礼貌地把房间钥匙交到客人手中，并彬彬有礼地说：“先生，您的房间号是××，这是您的房间钥匙，请拿好。祝您在这儿过得愉快！”

第六，对重要的客人，前台接待人员可在部门经理的授意下用电话探询他对饭店服务的意见，以示饭店对他的重视和关心。如：“您对房间满意吗？”“我们乐意随时为您效劳。”

第七，做好客人档案工作，以便对经常光顾的客人提供舒适的服务，使客人有宾至如归之感。

第八，要及时、准确地把信件、电报等邮件交给客人，不能拖延。递交时应面带微笑：“先生，这是给您的信，请收好。”替客人寄邮件也应及时。如邮件到达时客人已结账离店，应按客人留下的地址转发，以示认真负责。

第九，为客人代购机票、船票、车票、戏票等，应按客人要求办理，如情况发生变化，要及时征求客人意见，不要自作主张。

第十，要尽一切努力帮助客人解决困难，不能以任何理由拒绝，如代客人修理大小物品等。如果不能满足客人的要求应向客人致歉，以求谅解，不要随意编造理由，推诿搪塞。

第十一，答应客人的事一定要守信用，不能疏忽大意，甚至遗忘。

第十二，客人离店来前台结账，应态度热情，办理迅速准确，以免耽搁客人的时间。当场核对各项收费情况，当面结清钱款。结账完毕应向客人致谢，并欢迎其再次光临。适当的告别语，可以给客人留下深刻印象，吸引客人再来，如“再见，祝您一路平安，欢迎您下次再来”等。

（四）前台服务员接电话时的礼仪

前台电话是单位内外联系的主要枢纽，在日常生活工作中，话务员虽然不与通话人直接见面，但却通过声音反映了单位的整体服务管理水平，要树立良好的企业形象，话务员必须讲究礼仪，如图 2-10 所示。

图 2-10

第一，使用文明礼貌语言，养成良好的语言习惯。如接到电话先说：“您好”，接通电话后说“请讲”。

第二，语调亲切，音色柔和、悦耳，发音准确、清晰，语速快慢适中，根据不同的情况采用不同的语速。

第三，语气谦逊、诚恳，不与通话人发生争执。

第四，语言简练，用词准确，不让人误解。

第五，要有耐心，如分机占线，应说“对不起，分机占线，请稍候片刻。”或“对不起，线路没空，请过一会儿再打来。”不能对这种情况置之不理。如通话人有疑问，应耐心解释。

第六，对顾客的投诉应虚心倾听，诚恳致歉，并尽快解决，而不能拒绝或中断谈话。

第七，注意保密，听到的任何通话都不能外泄，以维护单位的信誉。

案例与思考

被“欺骗”的客人

一天，伍先生打电话给饭店预订部，言明“我是你们饭店的一名常客，我姓伍，我想预订3月7日至8日2618房两天。”预订员小刘当即查阅了7、8日的预订情况，表示饭店将给他预留2618房至3月8日下午18：00。

3月7日下午15：00，伍先生和他的一位朋友来到前台，在出示证件要办手续时，接待员小陈查阅了预订后却说：“对不起，伍先生，您没有预订啊？”“怎么可能，我在四天以前就预订了。”“对不起，我已经查阅了，况且本饭店2618房间已出租，入住的是一位吴先生，请问您是不是搞错了？”“不可能，我预订好的房间，你们也答应了，为什么这么不讲信誉？”小陈一听，赶紧核查预订才发现，原来预订员把“伍”误作“吴”，当吴先生登记入住时，小陈以为这就是预订人，随手就把吴先生安排进了2618房，小陈向伍先生抱歉地说：“伍先生，实在抱歉，您看这样行不行，您和您的朋友就入住2619房吧，2619房的规格标准与2618房间完全一样。”伍先生不同意，并且很生气，认为饭店有意欺骗他们，立即向大堂副理投诉。

思考：

由于饭店的失误，令常客伍先生预订的2618房给了另一位没有预订的吴先生，伍先生气恼的心情让人理解。作为饭店，您认为对于这类不该发生的问题应该如何处理才会让伍先生满意呢？

综合实训

模拟饭店大门门童、行李员有礼貌地为饭店散客和团队客人进行行李服务。

任务五 MISSIONS “金钥匙”服务理念

任务描述

“金钥匙”是指从事饭店大堂工作并且具有一定经验的高级礼宾人员，是利用个人所掌握的丰富的外界信息，为客人提供个性化服务的特殊群体。饭店“金钥匙”的服务宗旨是在不违反法律和道德的前提下，为客人解决一切困难，尽管不是无所不能，但也是竭尽所能。饭店“金钥匙”要有强烈的为客人服务的意识和奉献精神，为客人提供满意加惊喜的个性化服务。饭店“金钥匙”组织的工作口号是“友谊、协作、服务”，在使客人惊喜的努力过程中找到富有挑战和乐趣的人生。了解“金钥匙”组织的发展历程，理解“金钥匙”服务的理念，明确“金钥匙”的岗位职责，落实“金钥匙”服务的素质要求，把握“金钥匙”服务项目内容，是本任务学习的重点。

一、“金钥匙”组织的发展历程

“国际金钥匙组织”是一个国际性的饭店服务专业性组织，于1929年在法国成立，距今已有70年历史，第一届“国际金钥匙组织年会”于1951年在瑞士召开。

1999年2月，中国国家旅游局正式批准成立中国饭店金钥匙组织，“中国金钥匙组织”是国际金钥匙组织第31个成员国，来自世界各国和国内各界的客人，进入饭店大堂，如果看到“金钥匙”，就会眼睛一亮，或是展现亲切的笑容，自然对饭店产生信任感和亲切感，感受到家的感觉，甚至胜过家的感觉；因为他们知道，金钥匙是万能的。万能的金钥匙已经成为世界知名品牌，可以不夸张地说，一个饭店拥有金钥匙相当于给饭店增加了一颗星，这样的无形资产所产生的效应是长远的。国际金钥匙组织会徽如图2-11所示，国际金钥匙组织中国区徽章如图2-12所示。

图2-11 国际金钥匙组织会徽

图2-12 国际金钥匙组织中国区徽章

二、"金钥匙"服务理念

在高星级饭店华丽的大堂里，一批身着考究西服或燕尾服，衣领上别着一对交叉"金钥匙"徽号的年轻人，在委托代办(Concierge)柜台边彬彬有礼、笑容满面地为客人提供全方位的服务。他们是饭店金钥匙，是高级饭店大堂里的一道风景线，他们所提供的个性化"一条龙"服务被称为"金钥匙"服务。

"金钥匙"是对在饭店中专门为客人提供金钥匙服务的个人或群体的特殊称谓。是前厅部一个工作岗位，归前厅部经理直接管理，在日常工作中，它是通过礼宾部这个集体发挥个人作用的。

"金钥匙"无所不能，在合法的基础上，客人的任何要求都能得到满足。金钥匙负责的有大型的委托代办服务，如租用直升机接尊贵客人；也有日常小事服务，如帮客人修鞋、修车等。

三、"金钥匙"的岗位职责

第一，保持良好的职业形象，以大方得体的仪表，亲切自然的举止迎送抵离店的每一位客人。

第二，全面掌握饭店客房状态、销售状况、餐饮情况及其他相关信息。

第三，全方位满足住客提出的特殊要求，尽其所能提供多种服务。遵循"客人有求必应"的原则，多方协调合作，满足客人要求。

第四，协助大堂副理处理客人对饭店的各类投诉。

第五，协助宾客关系主任建立饭店与客人间的良好关系。

第六，协同保安部对行为不轨的客人进行调查。

第七，将上级指令或饭店发生的重要事件详细记录在行李员交接本上，每日早晨呈交前厅部经理，以便查询。

第八，检查大堂及其他公共活动区域、消除隐患，确保安全。

第九，对行李员工作活动进行管理和控制，并做好有关记录。

第十，对抵店、离店的客人给予及时关心。

第十一，对受前厅部经理委派进行培训的行李员进行指导训练和督导。

第十二，确保行李房和饭店前厅的清洁卫生。

第十三，控制饭店门前车辆活动，确保门前交通畅通。

第十四，与团队联络员协调，确保团队行李顺利送达。

第十五，检查礼宾部各岗位(大门外、门内、大厅等)值班情况，避免出现脱岗现象。

第十六，确保行李组服务设备运转正常。随时检查行李车、行李存放架、轮椅、伞架等。

第十七，完成前厅部经理下达的其他任务。

四、"金钥匙"服务的素质要求

第一，敬业乐业，热爱本职工作，有高度的工作责任心。

第二，有很强的顾客意识、服务意识、乐于助人。

第三，有协作精神和奉献精神。

第四，谦虚、宽容、积极、进取。

第五，交际能力强，乐于并善于与人沟通。

第六，语言表达清晰、准确。

第七，能正确处理好协调好与相关部门的合作关系。

第八，灵活应变，且能把握原则，以灵活的方式解决问题。

第九，良好的逻辑推理思维能力。能在客人的谈话中抓住主要矛盾，弄清事情的先后轻重次序，迅速找到解决问题的办法。

第十，身体健康，精力充沛，能适应长时间站立工作或户外工作。

第十一，会说普通话，至少掌握一门外语。

第十二，掌握丰富的知识。"金钥匙"工作范围大，涉及面广，客人的要求也五花八门，因此，作为"金钥匙"，必须涉猎多方面的知识，对地理、旅游、饮食、娱乐等信息应了如指掌，为客人提供各种便捷服务。

五、"金钥匙"服务项目

(一)寻人服务

第一，当访客来店找某一位住店客人，而该客人不在房间，应记录下住客姓名，由行李员在公共区域，特别是大堂，举寻人牌寻找该住客，寻人时可敲击寻人牌上的铜铃，铜铃会发出悦耳的声响引起客人观看寻人牌上的姓名，以便于发现客人。

第二，寻找在饭店内活动的非住店客人，方法与寻找住店客人相同。

第三，如果需要在饭店其他营业场所(如餐厅、泳池)寻找某人，可通过电话总机打电话到各营业点协助查找。

第四，饭店一般不允许访客进入外出住客的房间，除非事先有住店客人的书面委托。

(二)衣物寄存服务

第一，饭店有宴会、酒会、大型会议等重大活动时，应由礼宾部(或行李员)负责客人的衣物寄存。当行李员接到重大活动或大型宴会的书面通知后，应将存衣处(衣帽间)准备好。

存衣处必须设有明显标志，有足够的挂衣架及存放小包的架子和挂钩。有些饭店存衣服务由相应的部门(如宴会厅、舞厅等)提供。

第二，客人前来寄存衣物或随身小包(大包存于行李寄存处)时，应向客人说明贵重物品、现金和重要文件等谢绝寄存。存衣物时，应发给客人一块存衣(物)牌，并把相同号码的存衣牌系在衣物上，按存衣牌序号挂在指定的衣架上。同一位客人如有多件物品应将其物品放在一起。

第三，客人取衣物时，应核对存衣牌号码，如无差错，把衣物送还客人，同时收回存衣牌，并请客人当面检查所存物品是否完好，切记不可把客人衣服弄脏、弄皱。

第四，应小心看管衣物，由专人保管存衣间的钥匙，闲杂无关人员不得进入存衣间。

(三)雨伞外借服务

礼宾处所有印有饭店店徽的雨伞一律只供客人借用，不得借给内部员工。客人提出借用雨伞要求时，应先请客人出示欢迎卡，检查房间退房日期。在确认客人未退房后，请客人在《雨伞外借登记簿》上签名，并填上客人房号、雨伞号码、数量、经办人及日期。客人离开后可请接待员核查客人退房时间，必要时在客人账单上留言，以便取回雨伞。

当发现客人已退房时，可询问是否有行李寄于本处。如有，可按上述手续办理(应加贴留言条于行李上)。如无，应向客人说明按规定须预收押金(每把 30 元)。客人同意后按规定手续办理，并将押金交当班管理人员。

办理完手续后，应在交班簿上做好记录。交接班应确保清楚，管理人员还须做好押金交接。如遇熟客或 VIP 客人借雨伞，应汇报管理人员并灵活处理。门岗不得将岗位所用雨伞直接借给客人，应请客人到柜台办理手续。

当客人归还雨伞时，应检查其是否完好，在登记簿上记录收回时间，有交押金的应将押金退还客人，并由客人签名。不得将破损雨伞借给客人，以免影响饭店形象。

(四)出租自行车服务

出租自行车服务，是许多饭店为方便顾客、增加饭店收入而设立的。提供出租自行车服务时必须注意：

第一，饭店所有供出租的自行车，都必须按顺序编号分类排列在饭店的“出租自行车号码一览表”上，自行车上除有本市统一编号外，还应有饭店的编号。饭店出租的自行车种类必须齐全、数量必须充足。例如男式车、女式车、山地车、赛车、童车等，其规格从小到大都应齐备，还应准备幼儿车及婴儿车架，供儿童或带幼儿的父母使用。大厅主管或领班每周应检查所有的自行车一次，并将损坏的自行车交工程部修理。

第二，晴天时要把自行车停在露天供客人选用，这样容易把完好的和损坏的自行车分开，以利于客人缩短租车时间。下雨天自行车一般不搬出室外，如突然下雨要把自行车搬入室内。每天早班的行李员，应检查每辆自行车的完好程度，并核对上周记录，将有出入的地方告诉领班。领班则应在饭店可供出租的自行车一览表中注明。总之，对每辆自行车的完好程度必须做到心中有数。

第三，客人租用自行车时，行李员必须填写自行车租用单(也可以由客人填写)，记下租用时间、客人姓名和房号，然后与客人一起挑选合适的自行车，把钥匙交给客人。如果需要客人等候，要有礼貌地告诉客人。原则上自行车只提供给住店客人，非住店客人租用自行车，要视饭店规定是否允许及自行车是否够用而定。出租自行车的时间应从6：30～21：00，这样可使中班行李员在下班前有足够的时间清点整理自行车，并搬入室内。

第四，如果有人要求在饭店规定的时间之外租用自行车，则必须提前一天预订。行李员可以选一辆自行车放在办公室内，使客人能及时拿到。当班行李员须在值班日志上把这一特殊要求记录下来，并交给下一班，使下一班行李员也知道客人的要求。

第五，客人归还自行车后，行李员应立即记录归还时间、车号，并标出单价，汇总出租费用。然后请客人以下列两种方式付款：

(1)客人把自行车预订单交给行李员，由行李员把费用加入客人账单内。预订单上必须有客人的签名。

(2)如果饭店不实行一次性结账，或租用自行车的是团体客人，就应该请客人支付现金，除非该团体客人，已事先要求饭店为他另立账单，用于记录团体客人于包价之外在饭店的费用。

第六，出租自行车时，行李员必须注意如下事项。

(1)行李员必须陪客人到收款处。

(2)行李员不得直接向客人收取现金。

(3)费用必须有起步价，至少应有租用时价的规定，不足规定时间，按规定时价计算。要在客人租车时即讲明租车时价及最迟还车时间。客人还车时，行李员应检查车辆是否有损坏，如有损坏，应视损坏程度决定处理办法。

(4)当客人租车后应向客人宣传我国对自行车使用的一些规定。如有些地方自行车只能推行不能骑；有些地方不能停车；非机动车应靠右行驶；有些地方外国人不允许进入等，以免外宾因不了解规定而违章被扣车。

(五)外修、外购服务

第一，行李组应派人提供专项外修(如修箱包、照相机等)、外购及到店外取送物品的服务。

第二，当客人提出此类服务要求时，行李员应详细询问客人外修、外购及取送物品的名称、规格、时限、地点和费用限额，并做好记录。

第三，行李员应迅速完成外修、外购、取送任务，做到及时、准确，手续清楚，各项费用单据齐全，符合规定。

第四，完成任务后应及时返回，每次承接任务的内容和时间要登记。

第五，有时行李员还要完成其他委托外出服务，如订戏票、送票、替客人把物品或信件送到市内其他指定地点等。接到客人的这种服务要求时，应请领班统一安排，及时完成任务。

(六)出租汽车预约服务

客人要预约出租汽车时，行李员应帮助联系。出租车可以是饭店拥有的，也可以是出租车公司在饭店设点服务的；还可以由行李员及前厅部其他职员用电话从店外叫车。叫车后，无论是客人先到而车未到，还是车先到而客未到，行李员都应负责到底，通知催促客人或继续联系出租车司机，以免耽误了客人的行程。

在出租车较少的城市，或者是用车量大的高峰时间，为保险起见，客人用出租车最好通过前厅部人员提前预订，由前厅部职员(如行李员)根据客人的要求，填写出租车预订单。

行李员在出租车到大门口时，要向司机讲清客人的姓名、目的地等，并充当客人的翻译向司机解释客人的要求。必要时，可填写一张向导卡给客人，上面用中文写明客人要去的目的地。

客人要乘飞机或赶火车时，应提醒客人(特别是外宾)要留出足够的时间，提前出发，以免因交通阻塞或其他原因耽误了行程。用车量大时，行李员要及时与其他出租车服务点联系，如果实在没车，在时间急迫的情况下，行李员应尽量拦下其他车辆送客人去目的地。

一般预订的出租车应提前两分钟到，非预订出租车的候车时间一般不应超过一分钟，车辆到达并停稳后，应在半分钟内打开车门，护顶，并请客人上车。

(七)泊车服务

泊车服务，是饭店设专职车辆管理员，负责客人车辆的停放服务。客人驾车到店时，泊车管理员将车辆钥匙寄存牌交给客人，礼貌地提醒客人保管好随身携带的物品，然后将客人车辆开往停车场。泊车管理员应注意车内有无遗留的贵重物品及其他物品，车辆有无损坏之处，并将停车地点、车位号、车牌号、车型等内容填入工作记录。客人离店需用车时，出示车辆寄存牌，泊车管理员迅速将客人车辆开到饭店大门口，交给客人驾驶。

泊车服务对管理员素质要求较高，除了应受过严格的专业训练，具有优秀的驾车技术和很强的安全意识以外，还应具有高度的责任心。

(八)预订票务

住店客人提出预订机票、火车票，或提出修改航班、车次等要求时，礼宾台值班员应询问清楚客人的要求，按饭店规定的受理票务的规程进行办理，并填写订票委托单。另外，应当面向客人说明，如果不能预订到指定日期的票将改订其他日期的航班或车次。预收订票款，并在订票登记单上注明“已收订票款”。必要时请客人出示或留下身份证件、护照。按时取票、送票，并当面将客人身份证件、票款余额及有关收据等如数交还，填好工作记录。

订票登记单

预订 火车/飞机 票登记单

房号 Room No.		姓名 Name		人数 Persons		往何处 Destination	
启程日期 Time for Departure	月 Month	日或 Date or	月 Month	日 Date	拟乘 Prefer Go by No.	次车(Train) 班机(Flight)	
类别 Seat Classification	硬座 Hard Seat	软座 Soft Seat	硬卧 Hard Couchette	软卧 Soft Couchette	预交款 Money Payed Beforehand		
备注 Remarks	第二选择日期及班次：			经手人 Taken By			

案例与思考

细心周到的“金钥匙”

一天上午，一位拿着两张发票的女住客急匆匆地来到饭店大堂礼宾部，她径直走到身着燕尾服的“金钥匙”服务员小方面前：“您是饭店的‘金钥匙’吗？有这样一件事请帮一帮我。今天早上我乘出租车来到你们饭店，刚才我收拾物品时发现我把摄影机架子忘在出租车的后排座位上了，还有司机撕给我的发票是长途汽车票，不是出租车票，这让我回去怎么报销呢？”女住客语气急促地说。

小方说：“小姐，您别急，我们一起想办法。请问您大约是早上几点到达我们饭店的？”女住客说：“具体时间记不清了。”“请出示一下您的住房卡好吗？”小方接过女住客递过来的住房卡并告诉女住客在大堂稍微等候一下，随即到前台接待处，查询了这位女住客办理入住的具体时间。又到大门口询问是谁帮助这位女住客打开车门的。行李员小卢说：“是我接待的这位女士，当时我上前为这位女士拉车门、护顶，她示意让我到车后尾箱取行李，打开尾箱后一共拿出了两个皮箱，当时我还仔细看了一下没有其他行李，这时后面有出租车来了，我就赶紧关了车门，并迅速在提示卡上记下了这辆出租车的车号并交给了她，帮忙提着行李来到了前台。”小方分析，造成这次事件主要有两方面的原因：一方面是女住客自己遗失了一件行李，她可能怕把摄影架压坏弄脏，自己坐在前排，摄影架没有放在车后尾箱而单独放在了车的后排，下车时忘了提醒行李员；另一方面，行李员也够粗心的，一时疏忽也没有检查一下。现在唯一的办法就是看能不能找到那位出租车司机。

小方快步来到大堂吧，那位女住客用充满期盼的眼神迎了过来。小方说：“让您久等了，早上您下车时，行李员给您的那张提示卡还在吗？”女住客：“好像还在，我找一下。”她在手提袋里翻找起来，终于找到了一张团成一团的提示卡。“就是这张提示卡，上面有那辆出租车所属公司的名字和出租车车牌号。给我吧，我马上去和该公司联系一下。”小方微笑着说。

小方立即通过礼宾部联系到了出租车调配中心，拨通了这家出租车公司的电话，在电话里向对方说明了情况，对方表示将以最快的速度找到司机，态度诚恳地做出了口头承诺：“我们马上派人在半小时内把发票和摄影架送到饭店前厅部，决不耽误客人的时间，抱歉了。”

20 分钟后，一辆出租车停在饭店门口，司机把发票和摄影架送到了前厅部。小方迎上前去，向司机表示了感谢，司机也向女住客表示了歉意。拿到摄影架和发票的女住客高兴地说：“太谢谢你们了，谢谢你们的细心和周到，还有这张给我留下美好回忆的提示卡。”女住客感激不已，脸上露出了灿烂的微笑。

思考：

1. 从“金钥匙”的服务中，你体会到了什么？
2. 客人保留了提示卡，假设客人真的将提示卡丢失了，你将会怎么处理此事呢？

综合实训

组织一次活动，模拟金钥匙服务项目，为客人提供一次满意加惊喜的个性化服务。

项目三 PROJECT 3 前厅服务技能

前厅服务是饭店服务的源头和终点，对饭店在客人中树立形象十分重要，是整个饭店服务工作的中心。前厅服务的内容包括预订客房、入住登记、解答问询、处理客人投诉、传递信息、委托代办、商务电讯、电话总机、行李寄存、收款结账，建立并保管客史档案等，服务内容十分广泛。前厅服务业务繁杂，涉及面广，政策性强，对专业技术要求高，因此，要求前厅服务人员具有较深资历，经验丰富，知识广博，具有较高外语水平；有端庄大方的仪容仪表，优雅的行为举止，良好的礼貌修养，较强的公关销售能力和应变能力，并能高效率的工作，前厅服务人员的素质会直接影响客人对饭店服务质量的评价，从而影响饭店的经济效益。由此可见，前厅服务是饭店服务的重中之重。

任务一 MISSION1 问询服务

任务描述

饭店的客人来自全国乃至世界各地，在一个陌生的城市、陌生的饭店，客人必然有很多情况需要了解，很多问题需要解答，很多地方需要帮助，饭店要使客人感受到满意的服务，使客人感到方便，就必须为客人提供问询服务。问询服务主要包括客房钥匙管理、客人问询的应答、客人留言的送达、失物招领以及收发邮件等服务。

饭店客房钥匙的管理是饭店安全管理的重要内容之一，一定要引起饭店的高度重视，只有这样才能确保饭店和客人的财产安全。

一、收发客房钥匙

(一)客房钥匙的发放形式

1. 前台问询处收发、交客人使用

这种形式目前为国内外饭店较为普遍的使用。其优点是方便客人使用；由专职部门和专人负责保管钥匙，责任明确；便于把邮件和留言交给客人；可以减少或避免个别员工私用客房的几率；可以减轻客房服务员的工作量。其缺点是安全性较低，客人易遗失等。

2. 楼层服务员收发

住客到楼层，凭入住房卡、入住通知单向该楼层服务员领取钥匙。其优点是：便于楼层服务员及时掌握客人进出动向，适时打扫其房间；由于管辖范围相对缩小，有利于楼层的安全保卫工作。缺点是：花费的劳动力较多；在采用客房服务中心统一服务的饭店无法使用；客人略感不便；难以发现员工私用客房的情况。

3. 楼层服务员直接为客人开门

这种形式是不向客人分发客房钥匙。其优点是：容易控制钥匙，安全系数高，但给客人进出带来极大的不便，费事费时，工作效率较低。目前涉外星级饭店很少采用。

（二）客房钥匙管理

前厅部应建立严格的钥匙领用、回收与核查制度，保证随时掌握客房钥匙去向，坚决杜绝客房钥匙的非正常使用。

1. 严格执行客用钥匙控制程序

住店客人领取房间钥匙必须出示住宿凭证或其他有效证件，以及相应的个人资料以证明身份；客人结账退房时必须收回钥匙和住宿凭证。一般情况下，高星级酒店、饭店采用磁卡钥匙，遗失后重做一张，前一张房卡自动失效。

饭店员工因工作需要领用客房钥匙，应履行相应手续，说明使用原因，详细记录领取及交还时间、经手人姓名等有关内容。使用完毕，应及时交还。

表 3-1　客房钥匙领用登记表

2010 年 1 月 20 日

房号	申领人	申领原因	领取时间	经手人	交还时间	经手人
1011	丁强	部门培训	9：00	小云	11：30	小云
1112	李锐	带客参观	14：20	小云	15：00	小云

2. 定时核查客房钥匙

每天定时根据前厅客房状况报告，核查客房钥匙，确保客房钥匙同钥匙架上的房号一一对应，同时注意核查有无钥匙遗失。正常情况下，所有空房钥匙应保管在前厅接待处，如发现钥匙不在，应及时确认钥匙去向。如发生钥匙遗失，则应一方面尽快通知安全部和工程部更换客房门锁；另一方面，核查遗失原因，并对责任人做出相应处理。

（三）前厅部库房及办公室钥匙管理

对前厅部行李仓库、客用保险库及其他重要钥匙的使用应严格加以控制。前厅部客用保险库及行李房钥匙应由专人保管，并实行严格的管理。每次领用都必须进行详细登记，确保钥匙不离开工作区域。登记内容包括领用原因、领用人、领用时间等。而对客房总钥匙（万能钥匙）及其他应由专人保管的钥匙也应建立严格的领用制度；部门办公室等由专人持有的重要钥匙不得随意交给他人，防止被人私自配用。

表 3-2 行李仓库钥匙使用记录

使用人	使用原因	使用日期	使用时间	经手人
张永刚	存放客房行李	2010/2/2	8:25a. m.	孙宝鼎

(四)客房钥匙的管理要求

1. 客房钥匙的发放须严格控制

问询员可直接把钥匙发给熟悉的贵宾、长住客、常客。对于不熟悉的客人，问询员应礼貌询问其姓名，或请客人出示证件，核对准确无误后，才能交给钥匙。

2. 专人负责

由专人负责检查所有钥匙的放置位置是否准确，不准无关人员拿取钥匙，加强与收银处、行李服务处、团队陪同或领队的联系，及时收回钥匙。

3. 采取有效措施，确保客房钥匙及饭店安全

机械门锁的钥匙牌上，不要印有饭店名称，以防万一住客遗失，不法分子乘机进入饭店而给住客和饭店带来损失。客房钥匙应定期检查，若发现损坏，立即更换。若发现遗失，立即报告并换锁，同时做好记录。备用钥匙须经批准后才能动用并作记录。可以采取一定时期内房间与房间门锁互换的方法，以防不法住客私配钥匙而给住客和饭店造成损失。

二、受理客人问询

总台问询处是饭店为客人提供问询服务的工作岗位，负责解答客人的问询服务。饭店的问询处可以单独设立，也可以与前台合并，由接待人员担负问询任务，可视饭店的规模和档次而定。高星级饭店一般也不单独设置问询处，问询处合并在前台或者在礼宾部。

(一)问询员应掌握的信息

为了能正确、迅速地向客人提供问询服务，问询员必须熟悉下列信息。

第一，了解主要客源国的风土人情，人民的生活、习惯、爱好、忌讳等。

第二，熟悉饭店所有的服务设施及服务项目。

第三，了解饭店的组织体系，各部门的职责范围及其有关负责人的姓名。

第四，熟悉饭店的有关政策。

第五，熟悉国际、国内主要航班所属的航空公司的名称以及抵离时间。

第六，熟悉特快列车以及有关快车的车次及抵离时间。

第七，了解饭店与主要周边城市的距离，抵达方法。

第八，了解饭店所在城市的电影院、音乐厅、戏院、大型展览馆等主要活动场所的地址，正在上演的节目的剧情简介、入场费等信息。

第九，了解与饭店挂钩的医院的名称、电话号码、地址。

第十，熟悉本市主要银行的名称、地址、电话号码、营业时间。

第十一，熟悉本市的市内交通情况。

第十二，熟悉本市的外贸单位、科研机构、大专院校以及重点企业的地址、电话号码、联系方法。

第十三，熟悉本市各参观游览点的名称、概况、特色以及与饭店间的距离。

第十四，熟悉本市各体育场所(如高尔夫球场、海滨浴场、网球场等)的地址、开放时间、收费方法、与饭店间的距离。

第十五，熟悉本省乃至全国各主要风景名胜点的名称、特色及抵达方法。

第十六，掌握世界各主要城市的时差计算方法。

第十七，了解本市政府机关、公关保卫部门、外事旅游管理部门的地址、负责人姓名、电话号码。

第十八，熟悉本市各使馆、领馆的地址及电话号码。

第十九，了解本市各著名餐馆的经营特色、地址、营业时间。

第二十，熟悉本市各宗教场所的名称、地址、开放时间。

第二十一，熟悉本市各商场、购物中心的经营特色和地址。

第二十二，了解当天的天气情况等。

(二)问询的情形

1. 对住宿旅客的询问

有关住宿旅客的问询是来访客人问询的主要内容之一，负责回复的服务人员一般应在不触及客人私生活的范围内进行回答，这类询问一般包括以下两方面的内容：

第一，客人是否住在本饭店。

第二，客人的房间号。

接到问询时，首先从电脑上查看客人是否住在本饭店，然后确认其房号，接着向客房内打电话，将有人来访的消息告诉住客，经客人同意后才能将房号告诉来访者。如客人不在房内，问询员可根据情况通过呼唤找人等方法在饭店的公共场所帮助来访者寻找被访的客人。

问询员需要特别注意的是，决不能未经客人的许可，便直接把来访者带入客房，或者直接把房间号码告诉来访者。饭店必须注意保护客人的隐私，保证客人不受无关人员或客人不愿接待人员的干扰。

2. 对饭店内部的问询

有关饭店内部的问询通常涉及：

第一，餐厅、酒吧、商场所在的位置及营业时间。

第二，宴会、会议、展览会举办场所及时间。

第三，饭店提供的其他服务项目、营业时间及收费标准。如健身服务、医疗服务、洗衣服务等。

对于上述内容，问询员都应熟知，以便给予客人准确、肯定的答复。对于客人所提问题，服务员不能做出模棱两可的回答。比如，当客人问酒吧是否还营业时，不能用："我想还在营业吧！"或"可能还没下班吧！"这样模糊的回答。

3. 店外情况介绍

客人有关店外情况的问询，通常包括下列内容。

第一，国内和国际航班时间表。

第二，火车、汽车的时间表和里程表。

第三，本地的旅游开放点、公园、动物园情况。

第四，本地的剧院、影院、歌舞厅等地点。

第五，本地的医院或诊所。

第六，公共汽车和出租汽车情况。

第七，本地的街道、商店。

第八，本地地图、本省或本国乃至世界的地图。

第九，世界各地时差表和气候差别。

第十，本地其他饭店和酒家的情况及营业时间。

第十一，本地各个单位、团体或机关的情况。

为了准确回答客人问询，为客人提供满意的服务，问询员必须具有较高的素质，知识面较宽，外语流利，应变能力强；必须熟悉饭店设施、设备及服务项目，熟悉所在城市风光、交通情况及兄弟饭店的情况，懂得交际礼节及各国、各民族风土人情和风俗习惯。回答客人问询时，问询员必须热情、耐心、有礼貌，态度和蔼可亲。

三、受理客人留言

总台问询处是饭店为客人提供留言服务的工作岗位，负责处理客人留言事务。饭店受理的留言(Message)通常有两种类型：一是"访客留言"。二是"住客留言"。

(一)访客留言

"访客留言"是指来访客人对住店客人的留言，通常一式三联。

为访客留言的方法如下。

第一，访客留言一式三联，由三张不同颜色的纸组成。由服务人员填写的访客留言单，应在填写完毕后交领班检查。

第二，开启客房的留言灯，将访客留言单的第一联放入钥匙、邮件架，第二联送电话总机，第三联与信件或行李一起送往客房，将留言单从房门底塞入客房。

第三，客人可通过三种途径获知访问留言的内容。

(1)从问询处取客房钥匙时得到留言单。

(2)进入客房时发现留言单。

(3)发现客房内留言灯亮着，通过询问话务员或问询员，得知留言的内容。

第四，无论是问询员还是话务员了解到客人已知晓留言的内容后，应及时关闭留言灯。

表 3-3　访客留言单

M ______________	房号 ______________
当您外出时	
M ______________________________	
电话 ______________	
☐ 有电话找您	☐ 将再来电话
☐ 请回电话	
☐ 来访时您不在	☐ 将再来看您
留言 ______________________________	
经手人 ________　日期 ________	时间 ________

第五，晚上，问询员应检查钥匙、信件架，如发现架内仍有留言单，应检查该房号的留言灯是否已经关闭。

第六，如留言灯已关闭，可将钥匙、邮件架内的留言单作废。

第七，如留言灯仍未关闭，则应通过电话与客人联系，将留言的内容通知客人。

第八，如客人不在店，应继续开启留言灯及保留留言单，等候客人返回。

(二)住客留言

为住客留言的服务方法如下。

第一，客人离开客房或饭店时，希望给来访者(包括电话来访者)留言，这时就需要填写一种留言单——住客留言单。

第二，住客留言单一式两联，问询处、电话总机各保存一联。

第三，如客人来访，问询员或话务员可将留言的内容转告给来访者。

第四，住客留言单上都已写明了留言内容的有效时间。如过了有效时间，还没接到留言者新的通知，可将留言单作废。

第五，无论是访客留言，还是住客留言，留言单必须书写整洁、措辞正确，意思表达完整。

表 3-4　住客留言单

给 ______________	至 ______________
由 ______________	房号 ______________
留言：______________________________	
经手人 ________　日期 ________	时间 ________

四、失物招领

(一)客人丢失物品处理标准

1. 接到客人反映丢失物品事件

向客人表示歉意，并记录事件发生地点和丢失物品。

2. 采取措施

(1)通知保安部并与保安人员共同到达现场。

(2)当客人与保安人员有语言障碍时，负责翻译。

(3)协助保安人员在丢失物品的地点查找丢失物品。

(4)若在现场未能找到丢失物品，请客人填写丢失报告并签字。

3. 丢失报告的处理

(1)如客人在丢失报告中有指控饭店的内容，则不能签字。

(2)如客人有要求，可将丢失报告的复印件交给客人保存。

(3)总经理、驻店经理、财务总监、房务总监和保卫部门各送一份丢失报告复印件。

(4)制备原始报告存档。

4. 记录

记录事件的整个过程。

5. 联络

随时与保安部联系，了解事情进展状况以便及时将结果通知客人。

6. 赔偿

(1)如客人离店前丢失案件尚未查明，而客人坚持要求赔偿时，向客人解释：在客人登记住房卡上，已注明饭店关于丢失赔偿的政策。

(2)向房务总监报告，请示裁决办法。

(3)赔偿办法。①客人仍在住店，可从客人的店消费中的数目上减去赔偿金额；将赔偿金额划到客人提供的银行账号上或现金赔偿。②若客人已经离店，可通过客人留下的地址进行联系，协商决定赔偿方法。

(二)失物招领服务标准

1. 服务要求

任何一位员工在饭店的任何地方发现了具有价值的物品，都要遵守自己的主管部门在有关遗失物品方面的指示。每个部门的主管人员要确保本部门的内部程序能够得到有效执行，让员工按规章制度将遗失物品送到前厅部进行妥善的保管和处置。在任何情况下，饭店的前厅部有保管遗失物品，使遗失物品归原主的义务。为了找回遗失物品，客人可能会四处询问，但任何员工都不得私自与客人联系(即使这客人确实是失主)。除非真正捡到了遗失物品，否则任何员工都不能承认在失物招领处看见过遗失物品或是暗示客人遗失物品在失物招领处。

2. 失物招领程序

(1)发现遗失物品。①如果在白班期间(早上 8：00—下午 4：00)发现遗失物品，要将该物品送至前厅接待办公室。给遗失物品贴上标签，并且妥善保管。②如果在其他时间发现遗失物品，应将遗失物品交到总台保管。③如果是在换班期间或晚班期间发现遗失物品，由布草房主管负责将其放在总台的所有遗失物品中，并拿回布草房进行登记，并妥善保管。④如果发现的是提包或钱包，应由所在部门的经理及大堂副理同时保管入库，并在标签上注明包内物品和金额，两位经理都要签名才能生效。

(2)失物招领标签登记册。所有交至客房部进行保管的遗失财物都要在失物招领册上登记。失物招领册包括下面几项内容：日期/序号、数量、失物说明、失物发现处/发现人/部门、处置情况/对照/签名/备注。①每一种交至前厅部的物品都必须按照上面的要求登记入册。注明发现失物的日期，并对物品进行编号。除了记录物品的发现地、发现人及发现人所在的部门外、还要记录对该遗失物品的说明情况。②将遗失物品放进一个不透明的袋内，在袋上只标明该物品在失物登记册上的序号。③将遗失物品放进失物招领储存室，并按次序标号，以方便查找。④前厅主管或者服务员负责填写所有的登记册、保存登记册并且负责失物招领储存室的工作。⑤前厅主管或服务员要确保每天工作结束时将失物招领登记册锁入失物招领室。

(3)询问失物招领。①遗失了物品的客人会到处询问。所有关于遗失物品的询问都要交给前厅部主管或服务员处理，饭店内任何一个被问及此事的员工都应将询问的客人引到前厅部。失物招领处的营业时间为周一至周五的上午 9：00 到下午 5：00。②如果是在白天营业期间遇到住客询问某一遗失物品，前厅部主管首先要查找失物招领登记册。一旦登记册上有登记，便可告诉住客遗失物品在失物招领处。如果住客还在饭店内，可以告诉他(她)怎样去失物招领处。在客人正确地说出了遗失物品的特征后，便可把遗失物品还给物主，并请失主在登记认领失物处理栏处进行登记，要写下失主姓名、地址以及电话号码。这时便可以将失物归还物主。拾物者不应该要求奖励。如果要奖励拾物主，在工作日志中的“备注”栏应有记录(可让拾物者到前厅部领奖)在任何情况下也不应该仅凭失物登记册的记载而确切的告诉某人的遗失物品在失物招领处。只有确实拿到遗失物品后才能承认遗失物品在失物招领处。③在换班期间如果有人询问，应将情况登记在失物招领询问表上，并留给前厅部主管。如果找到了遗失物品，前厅部主管应将遗失物品还给失主。

(4)失物的邮寄。如果查实遗失物品与询问者所说的一致，而且，又必须邮寄的话，前厅部服务员将包装遗失物品。收发室按要求取下包裹邮寄。邮寄者要在失物招领登记册上签名，并暂时保管。

3. 失物招领保管室的控制

对失物招领的保管要进行严格的控制，只有前厅部经理、副经理、前厅部主管或服务员才能进入失物招领保管室。也只有这些人才能够从失物招领保管室领走失物。每天各班次下班时，前厅部主管都要给失物招领保管室上锁。

4. 对无人认领的失物处置

失物招领处的物品将保留90天，如果在此期限内仍无人认领，则可作为拾物者的私人财产。如果拾物者愿意接受，前厅部可发给拾物者一张饭店财产转移证，正式批准财产转离饭店。如果拾物者不想要失物，可将失物送给某慈善机构，或送给其他任何一家由饭店管理方指定的慈善机构。处理之后，应该在失物招领登记册上记录。

为客人恰当地处理失物招领事宜是进一步宣传饭店公共形象的机会之一，应该尽一切努力来找回失物，想客人之所想，急客人之所急。

五、收发邮件服务

处理客人进出店的邮件也是问询处的服务项目之一。

(一)客人信件的处理程序

对于客人的信件，应先进行分类，然后作相应的处理。

1. 查找住店客人的信件

将信件与电脑上的“住店客人”的名单进行核对，找到收件人后，用铅笔在信封上写下房号。然后，将信件放入相应的钥匙或邮件架的格子内，问询员应每晚定时检查钥匙、邮件架，如发现主人仍未取走信件，则应派行李员将信件送入客房。

2. 查找预期抵店客人的信件

将余下的信件与“预期抵店客人名单”及“预订记录簿”核对，找到收件人后，在信封上写下抵店的日期。预计当天抵达的客人的信件应交于接待处。

3. 查找要求提供邮件转寄服务的客人信件

将余下的信件与“邮件转寄单”核对，找到收件人后，按转寄单上客人所写要求办理(邮件转寄单应按客人的姓名的字母顺序排列。每次按转寄单转寄邮件后，应在客史档案上做好记录)。

表 3-5 邮件转寄单

	日期＿＿＿＿＿＿
姓名＿＿＿＿＿＿	房号＿＿＿＿＿＿
转送地址＿＿＿＿＿＿	
截止日期＿＿＿＿＿＿	
超过以上日期请送到	
＿＿＿＿＿＿	
电话号码＿＿＿＿＿＿	
客人常住地址＿＿＿＿＿＿	
＿＿＿＿＿＿	

4. 查找离店客人信件

将余下的信与“住店客人名单”核对，找到收件人后，将邮件转寄给离店客人。

5. 无人认领的信件的处理

问询员应按字母顺序将其放置在信件存放架内，并于每天晚上将这些信件与“预期抵店客人名单”核对。到了饭店规定的保管期限后，经问询主管批准，可将无人认领的信件退回给寄件人。

对客人邮件的处理，问询员一定要认真负责，当班时无法处理的，一定要做好交接记录，以免给客人造成不应有的损失和麻烦。

(二)客人汇款单、挂号信、传真、特快专递及包裹的处理程序

这类邮件的处理程序与信件的处理程序基本相同，下列不同点应特别注意：

第一，这类邮件应设法更迅速地送交给客人。

第二，收到邮件后，先将邮件登记在“住客邮件递送登记单”(参见表 3-6)上。

第三，如是住店客人的邮件，应派行李员尽早送入客房。去客房前，问询员首先应通过电话与客人联系。如客人外出，则应通过留言的方法通知客人，请客人在方便的时候与问询处联系领取信件。

第四，将邮件交给客人时，要请客人在登记簿上签字。

表 3-6　住客邮件递送登记单

时间	房号	姓名	种类	发自	号码	经办人	收件人签字

(三)邮寄服务

做好邮寄服务，最重要的是要掌握邮费的计算方法，从而能根据信件的重量以及到达的目的地，迅速、准确地计算出所需的邮资。此外，每班结束工作时，应清点邮票及现金，并制作“邮票、现金平衡表”。

案例与思考

失而复得的凉鞋

2008 年 10 月 9 日来北京旅游的张先生结束旅程，离开了他所下榻的某饭店。客房服务员小王在打扫房间时，于床下拾到一双皮凉鞋，他想这双皮凉鞋看上去很新，很有可能是客人收拾东西时遗忘了。于是小王在客房服务登记本上做了记录，将鞋交给了服务中心收存。半个月后，客房服务中心的值班员小李接到了张先生打来的电话，他说在半个月前曾在饭店住过。临走时，由于忙乱和疏忽，将一双皮凉鞋忘在了房间，不知还能否找到。小李记下了张先生的通信地址和电话号码，然后查阅了“客人遗留物品登记本”，上面果然记载了这双凉鞋的捡拾经过。小李找出这双凉鞋后，便马上通知了张先生，告诉他饭店将尽快把这双凉鞋

邮寄给他，张先生在电话里感慨地说："没想到贵店服务工作做得如此细致，下次来北京还住你们饭店！"

思考：

1. 为什么张先生说下次来北京还住你们饭店？
2. 如何理解"为客人恰当地处理失物招领事项是进一步宣传饭店公关形象的最好时机"？

综合实训

请同学们分组进行情境模拟演练，练习前厅问询服务的技能。

A. 一位外国客人到前台来咨询本城市的旅游线路。

B. 一位客人到礼宾部咨询饭店的特色服务项目。

C. 一对夫妇到礼宾部咨询城市里的特色餐厅。

D. 一位客人到前台咨询最近一段时间的天气情况。

任务二 MISSION2 入住登记服务

任务描述

入住登记服务是前台人员为到饭店客人提供的最直接的服务，也是前台重要的服务工作。它是饭店对客人服务的开始，入住登记服务的质量直接影响着客人对饭店的第一印象，本节要求学生们掌握散客入住登记和团队入住登记服务技能以及受理客人换房、延时、延期退房的要求。

办理客人入住登记手续，不仅可使饭店获得客人的重要个人资料，而且也是遵守国家法律中有关户口管理的规定，同时也是为了尽力满足客人的住宿要求，推销饭店的设施和服务，为客人入住后各类表格、资料的形成起到积极作用。因此，不论散客还是团队客人入住饭店，均需办理入住登记手续。

一、受理散客入住登记

（一）入住登记的重要性

尽管住宿登记会占用客人很多宝贵的时间，常常引起客人的投诉和不满，同时增加了前台员工的工作量，但实际上，国内外几乎所有饭店都要求客人履行住宿登记手续。

住宿登记的重要性表现有以下几个方面。

第一，是公安部门和警方的要求。出于国家及公众安全的需要，各国警方及公共安全部门都要求饭店及客人在住宿时履行住宿登记手续。

第二，可以有效地保障饭店的利益，防止客人逃账。

第三，是饭店取得客源市场信息的重要渠道。住宿登记表中有关客人的国籍、性别、年龄以及停留事由（商务、旅行、会议等）、房价等都是饭店客源市场的重要信息。

第四，是饭店为客人提供服务的依据。客人的姓名、房间号码、家庭住址、生日、民族等都是饭店为客人提供优质服务的依据。

第五，可以保证饭店及客人生命、财产安全。通过住宿登记，查验客人有关证件，可以有效地防止或减少不安全事故的发生。

（二）接待入住散客

第一，客人抵达时，首先表示欢迎，有礼貌地问明客人的姓名并作称呼。

第二，客人到达前台但接待员正在忙碌时，应向客人示意，表示他将不用等很久（如客人已等候多时，应首先向客人致歉）。

第三，根据客人的要求查找订房。

第四，在办理入店手续时，询问客人有无特殊要求和注意事项。

（三）为客人办理入店手续

第一，请客人在旅客住宿登记表（参见表 3-7）上填写所需的各项内容，问清付款方式，并请客人在登记卡上签字。

表 3-7　旅客入住登记表

房号：　　　　　　　　房费：　　　　　　　　接待员：

<table>
<tr><td colspan="2">姓名</td><td>性别</td><td>年龄</td><td>籍贯</td><td>工作单位</td><td>职业</td></tr>
<tr><td colspan="2"></td><td></td><td></td><td></td><td></td><td></td></tr>
<tr><td colspan="2">户口地址</td><td colspan="3"></td><td>从何处来</td><td></td></tr>
<tr><td colspan="4">身份证或其他有效证件名称号码</td><td></td><td colspan="2"></td></tr>
<tr><td colspan="2">来宿时间</td><td colspan="2"></td><td>退宿时间</td><td colspan="2"></td></tr>
<tr><td rowspan="3">同宿人</td><td>姓名</td><td>性别</td><td>年龄</td><td>关系</td><td rowspan="3">备注</td><td rowspan="3"></td></tr>
<tr><td></td><td></td><td></td><td></td></tr>
<tr><td></td><td></td><td></td><td></td></tr>
<tr><td colspan="5">请注意：
1. 退房时间是中午 12：00 前
2. 贵重物品请存放在收款处之免费保险箱内
3. 来访客人请在晚上 11：00 前离开房间
4. 离店请交回钥匙
5. 房租不包括房间里的饮料。</td><td colspan="2">离店时账目结算方式：
口现金
口旅行社凭证
口信用卡

客人签名：</td></tr>
</table>

第二，核对一切有关文件、护照、身份证、签证的有效期、信用卡签字的真实性等。

第三，按规定收取押金。

第四，为客人分配一间适合其需要的房间，并与其确认房价和离店日期，将钥匙交给客人。

(四)提供其他帮助

第一，入住手续完毕后，询问客人是否需要行李员帮忙。

第二，告诉客人电梯的具体位置。

(五)信息储存

第一，接待客人完毕后，立即将有关信息输入电脑。

第二，检查信息的正确性并输入客人的档案中。

第三，登记卡要存放进客人入住档案栏中，以便随时查询。

练一练

请组织情境对话，模拟为客人办理入住登记手续。

二、受理团队入住登记

(一)团队入住登记的准备工作

第一，按照团队的要求提前分配好房间。

第二，在团队抵店前，准备好团队的钥匙，并与有关部门联系确保房间做好接待客人的准备。

第三，将房间分配表交与领队。

(二)接待团队入住

第一，前台接待人员与销售联络员礼貌地把团队客人引领至团队入店登记处，请客人登记，填写团队人员住宿登记表，见表 3-8。

表 3-8　团队人员入住登记表

团队名称：　　　　　日期　　年　　月　　日　至　　　年　　月　　日

房号	姓名	性别	出生年月日	职业	国籍	身份证号码或护照号码

第二，团队联络员告知领队有关事宜，包括早、中、晚三餐用餐地点，饭店其他设施等。

第三，接待人员与领队确认房间数、人数及叫早时间。

第四，经确认后，请团队联络员在团队明细单上签字，前台接待处人员亦须在上面签字认可。

第五，团队联络员和领队接洽完毕后，前台接待员协助领队发放钥匙，并告知客人电梯的位置。

(三)信息储存

第一，手续完毕后，前台接待员将准确的房号名单转交礼宾部，以便行李发送。

第二，修正完毕所有事项后，及时将所有相关信息输入电脑。

练一练

请组织情境对话，模拟为团队客人办理入住登记手续。

三、受理客人换房要求

由于种种原因，客人在住店过程中可能要求换房，尽管在一定程度上给饭店的服务、接待和管理工作带来不便，饭店还是应尽量满足客人的要求，使客人在住店期间一切称心如意。

(一)客人换房的几种情况

第一，正在使用的房间在其价格、大小、种类、噪声、舒适程度以及所处的楼层、朝向等方面不符合客人的要求。

第二，住宿过程中人数发生变化。

第三，客房设施设备出现故障。

(二)客人要求换房的处理方法

客人提出调换房间要求时，首先要通过电脑等了解有无空房，能否满足客人的要求。如有空房，且只住一天，接待员自行安排；如属连住，则要通知预订员，并请其查阅有关预订资料。如能满足客人的要求，则请服务员或行李员带客人进新房间，并立即填写“换房通知单”，参见表3-9。同时，将这张“换房通知单”一式多份由行李员分送客房、问询处、贵重物品保管员、收银员、预订员、电话总机等有关部门和人员。这些部门或个人应据此修订其原有资料。如不能马上满足客人的换房要求，则要向客人说明情况，请其谅解。同时，要在“换房申请簿”上记录客人的换房要求，见表3-10，待有空房时，按客人提出申请的先后顺序予以满足。

表3-9　换房通知单

客人姓名：

	由	到
房号		
房费		
日期		
备注：		

表 3-10　换房申请表

日期	房号	客人姓名	客人要求		服务员	更换日期	备　注
			房间类型	房费			

练一练

请组织情境对话，模拟为客人办理换房手续。

四、受理客人延时、延期退房要求

(一)客人延时、延期退房的原因

客人延时、延期退房的原因很多，如因不可抗力造成客人航班的取消，或因客人自身发生了一些紧急情况，造成客人延时、延期退房，这将为饭店的工作带来很多不便。

(二)客人延时、延期退房的处理方法

旅游旺季，住店客人要求延时、延期退房，而当天饭店房间已订满，遇到这种情况，前厅工作人员应妥善处理：

第一，向客人解释饭店困难，求得客人的谅解，为其联系其他饭店。

第二，如果客人不肯离开，前厅人员应立即通知预订部，为即将到店的客人另寻房间。如实在无房，只好为即将来店的客人联系其他饭店。

总之，处理这类问题的关键是：宁可让即将到店的客人住到别的饭店，也不能赶走已住店客人。

练一练

请组织情境对话，模拟为客人办理延时退房手续。

案例与思考

不愿意登记的客人

2009 年 5 月 2 日晚 21 时，北京某饭店来了四位香港青年，一女三男。那位女士在前台办理了住宿登记手续后，便带领大家一起来到该饭店 4 楼某客房入住。4 楼服务员见状，马上与前台联系，核对客人办理住宿手续的实际情况得知，另外三位香港客人尚未办理住宿手续。于是，服务员按响了该香港女士客房的门铃，但无人应答。服务员立即将此情况向客房部作了汇报。客房部和保卫处的工作人员很快来到了 4 楼服务台，拨通了该客房的电话，告诉他们一人登记多人住宿是违反规定的，要求这 3 位香港男青年按照规定到前台补办相关住

宿手续，可是，其中一位男青年却说：“花钱住店想登记就登记，不想登记就可以不登记，你们管得着吗?”

思考:

1. 你如何理解该男青年的说法?

2. 为什么国内外几乎所有饭店都要求客人履行住宿登记手续?面对不愿意翔实登记的客人该如何应对?

综合实训

2008 年 7 月 10 日，赵某出差住宿在大连某涉外饭店，原定住宿 3 晚，13 日离开饭店返回公司，但是由于事情没能按原计划处理完，所以不得不再留宿两晚，因此，赵某去前台要求延期两日再退房，可是 7 月份正值大连旅游旺季，饭店已经把赵某的房间预订出去了。

结合此案例，如果你是饭店的工作人员，你能否满足赵某延期两日退房的要求，你会怎么做?

任务三 MISSION3 客人行李服务

任务描述

行李服务是隶属于前厅部的礼宾部向客人提供的一项重要服务。通过本节的学习要求学生掌握客人入住行李服务的流程，重点掌握散客、团队和客人换房行李服务的服务技能以及贵重物品的寄存与保管等一系列问题。

表 3-11　客人入店行李服务流程表

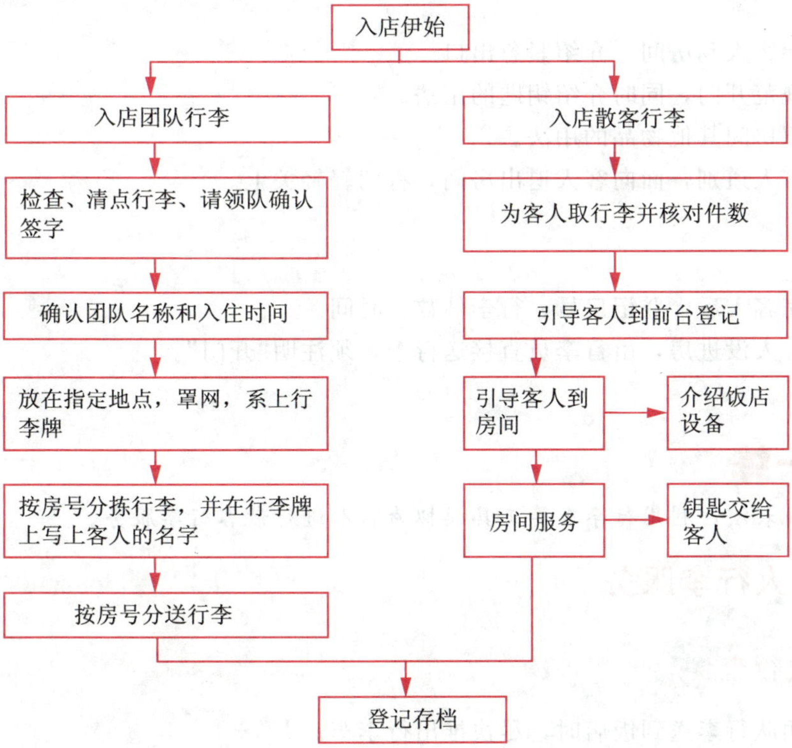

一、散客行李服务

(一)迎、接客

第一，行李员主动迎接抵达饭店要求行李服务的客人，并致亲切问候。

第二，取出行李确认件数，检查有无破损，贵重物品尽量请客人自己保管。

第三，迅速引导客人入店登记。

(二)等候客人入店登记

第一，客人登记时，行李员应在离前台 4 米以外的地方等候。

第二，对于 VIP 客人，应请其落座，并站立等候。

(三)引导客人去房间

第一，接过房间钥匙并将房号记在行李牌上。

第二，上电梯时应请客人先入，行李放在不妨碍他人的地方，如果梯内客人较多，将钥匙交给客人，并告诉客人行李可能迟些时候进房。

第三，引导客人上电梯。

第四，主动介绍饭店主要服务项目。

(四)房间服务

第一，引导客人到房间，介绍紧急出口。

第二，按规范开门，同时介绍钥匙的用法。

第三，介绍房间其他物品的用法。

第四，向客人道别，面向客人退出房间，将门轻轻关上。

(五)登记

第一，送完客人后，登记房号、行李件数、时间。

第二，如客人没进房，由行李员直接送行李，须注明“开门”。

练一练

请组织情境表演，利用行李车等工具模拟为客人进行散客行李服务。

二、团队客人行李服务

(一)接收行李

第一，当团队行李送到饭店时，尽快推出行李车。

第二，点清行李件数，检查行李有无破损；如遇损坏，须请团队行李人员签字证明，并通知团队陪同及领队。

第三，客人下车后，上车检查是否有遗留物品。

第四，统计行李件数，请领队签名确认，并确定团队名称和入住楼层。

第五，将行李整齐码放，全部系上有本饭店标志的行李牌，并用网子罩住，以防丢失、错拿。

（二）分拣行李

第一，根据前台分配的房号，分拣行李，并将分好的房号清晰地写在行李牌上。

第二，与前台联系，问明分配的房间是否有变动，如有变动须及时更改。

第三，迅速将已知房号的行李送至房间。

第四，如遇行李姓名卡丢失的行李应由领队帮助确认。

（三）送行李到房间

第一，将行李平衡摆放在行李车上，在推车入店时，注意不要损坏客人和饭店财物。

第二，在进入楼层后，应将行李放在门左侧，轻敲门三下，报出“行李员”。

第三，客人开门后主动向客人问好，固定门后把行李送入房间内，待客人确认后方可离开，如果没有客人的行李，应婉转地说让客人稍候并及时报告领班。

第四，如客人不在房间，按照房号将行李放在房内行李架上。

第五，对于破损和无人认领的行李，要与领队或陪同及时取得联系以便使问题得到及时解决。

（四）行李登记

第一，送完行李后将每间房间的行李件数准确登记在团队入店登记单上，开门直接送的行李应注意“开门”字样，并核对行李总数是否同刚入店时一致。

第二，按照团队入住单上的时间存档。

练一练

请组织情境表演，利用行李车等工具模拟为客人进行团队行李服务。

三、客人换房行李服务

（一）接到换房通知

接到前台换房通知，问清客人姓名、原房和换房后房号。

（二）到客人原房间

第一，到客人原房间，按进房程序经客人允许后进入。

第二，请客人清点要搬的行李及其他物品，装上行李车。

（三）引领客人到新的房间

第一，引领客人到新房间。

第二，为客人开门，帮助客人将行李放好。

第三，必要时向客人介绍房内设施。

第四，收回客人原房卡和钥匙，交给客人新房房卡和钥匙。

第五，向客人道别，退出房间。

（四）换房完毕

第一，将房卡和钥匙交回前台。

第二，做好记录。

练一练

请组织情境表演，利用行李车等工具模拟为客人进行换房行李服务。

四、客人贵重物品的寄存与保管

饭店不但要为住店客人提供舒适的客房、美味的菜肴、热情礼貌的优质服务，还必须对客人的财产安全负责，因此，饭店应为客人设置寄存贵重物品的场所和设施。

（一）贵重物品的寄存与管理

饭店通常为客人提供客用安全保险箱，供客人免费寄存贵重物品。它是一种带一排排小保管箱的橱柜。小保管箱的数量，一般按饭店客房数的15%～20%来配备，若饭店的常住客和商务散客比较多，可适当增加保管箱的数量。此外，有的饭店配有一种不分隔的大保险柜，采用以客人个人用一纸袋寄存的方式为客人寄存贵重物品。还有的饭店在客房内配有小型保管箱，供客人存放贵重物品。

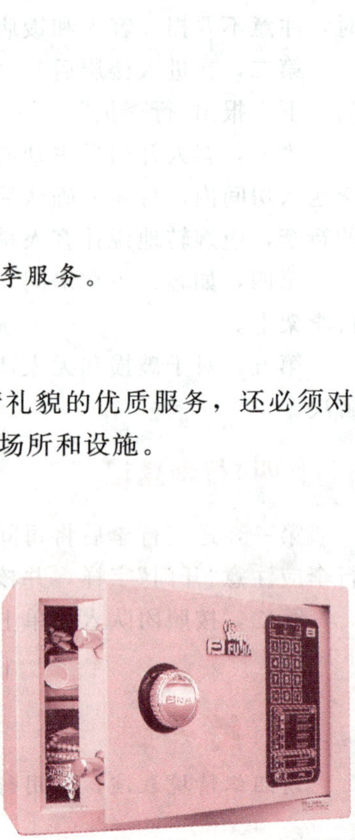

客用安全保管箱通常放置在前台后面或旁边一间僻静的房间，由前台负责此项服务工作。保管箱的每个箱子有两把钥匙，一把由前台负责保管，另一把由客人亲自保管，只有这两把钥匙同时使用，才能打开和锁上保险箱。保管箱的启用、中途开箱、退箱，一定要严格按饭店规定的操作程序进行，并认真填写有关保管记录，见表3-12、表3-13，以确保客人贵重物品的安全，防止各种意外事故的发生。

表3-12　安全保管箱记录卡(正卡)

(正面)

安全保管箱记录卡

客人姓名__________　保管箱号码__________

地址______________________________

房间号__________　存放物品__________

存取要求及注意事项____________________

____

____

日期__________　客人签名__________

时间__________　收银员签名__________

(反面)

取出贵重物品及退箱

日期__________　客人签名__________

时间__________　收银员签名__________

表3-13　安全保管箱记录卡(副卡)

客人中途使用保管箱时，请在此卡上签名。

保管箱号码__________

客人签名__________　房间号__________

日期__________　收银员签名__________

(二)保管箱钥匙遗失的处理

如果客人遗失保管箱钥匙，饭店通常都要求客人作出经济赔偿，但必须有明文规定的依据。例如，可在记录卡正卡上标出，或在寄存处的墙上以公告的方式告知有关赔偿规定，让客人知晓，以减少处理工作中可能出现的不必要的麻烦。当客人将保管箱的钥匙遗失，而又要取物时，必须在客人、当班的前台员工以及饭店保安人员在场的情况下，由饭店工程部有关人员强行将该保管箱的锁做破坏性钻开，并做好记录，以备查核。

(三)客人贵重物品保管的注意事项

客人贵重物品的保管是一项非常严肃的工作，要求前台员工具有很强的责任心，并注意以下事项。

第一，定期检查各保管箱是否处于良好的工作状态。

第二，必须请客人亲自前来存取，不能委托他人代为存取。

第三，必须认真、严格、准确地核对客人的签名。

第四，不得当着客人的面检查或好奇地欣赏客人存入或取出的物品。

第五，当班前台员工必须安全地保管好放在自己处的保管箱总钥匙，并做好交接记录。

第六，填写过的记录卡，必须科学地排列，以方便取用。

第七，客人退箱或中途开箱时，要注意将客人填写的记录卡副卡或正卡反面的有关内容及签字与客人填写过的正卡进行核对。

第八，客人退箱后的记录卡按规定必须安全地存贮一定的时间(至少半年)，以备查核。

(四)贵重物品丢失的责任认定

尽管有很严格的保管制度和严密的设备，饭店也不能完全保证客人的贵重物品万无一失。那么，一旦发生客人贵重物品失窃事件，饭店是否应该对此负责呢?

事实上，目前国内大多数饭店对客人存放在饭店“客人贵重物品保管箱”的贵重物品采取不闻不问，丢了也不负责的态度。比如，一些饭店在其向客人提供的“住宿登记表”上明确指出：“贵重物品请存放在收款处之免费保险箱内，一切物品之遗失，饭店概不负责”。

显然，这种做法对客人是不公平的，在法律上也是站不住脚的，因为：

第一，按照国际惯例和有关法律，饭店有义务保护住店客人人身和财产的安全。

第二，客人入住饭店是以“安全”为前提条件的，安全对于客人来讲是第一重要的，服务质量居于其次。客人在饭店的安全包括人身安全和财物安全，如果客人的财物安全得不到保障，那么客人的安全感从何而来?

第三，很多饭店都在一定的场所和位置(如住宿登记表)向客人声明：请将您的贵重物品存放在饭店贵重物品保管处，否则，如若丢失，饭店概不负责。这就意味着，如果客人按照饭店的要求将贵重物品存入贵重物品保管箱，饭店就应该对其负责。但事实上，饭店无论贵重物品是否存入保管箱，都没有对物品的丢失负责。

第四，尽管“保管箱有两把钥匙，客人和饭店方面各执一把，只有当这两把钥匙同时使用时，才能打开保管箱”，但这并不能保证客人的贵重物品万无一失，因为饭店负责保管客人贵重物品的收银员完全有机会利用工作之便，另配一把“客用钥匙”，打开保管箱。如果真的发生类似事件，客人将成为无辜而又无奈的受害者。但有些贵重物品很难说清其真正价值(如钻石)，万一丢失，如果按客人所述价值照“价”赔偿，这对饭店又是不公平的。那么，饭店到底应该不应该赔偿?如果应该，要负多大的赔偿责任呢?

按照国际饭店协会于1981年11月2日在尼泊尔的加德满都通过的《国际饭店法》的有关规定：“如果客人及时得到报告，饭店对贵重物品的赔偿应有合理的限度。”这就意味着，一方面饭店对客人的贵重物品在一定条件下负有赔偿责任，但另一方面，这种赔偿“应有合理的限度”。为此，饭店可规定对客人贵重物品的最高赔偿限额，并将这一限额在某一明显的位置告知客人(比如，“贵重物品保管记录卡”)，如同饭店在为客人提供洗衣服务时，在洗衣单上注明“饭店对客人待洗衣物的损坏或丢失赔偿限额最高不超过该物洗涤费用的10倍”一样，饭店对于客人贵重物品的赔偿也可以做出类似的规定，如饭店对客人贵重物品的赔偿限额，最高不超过客人在饭店住宿费用的10倍。这样做双方都可以理解和接受，从而可以避免出现不必要的纠纷。

当然，饭店对客人贵重物品丢失的赔偿也是有条件的：首先，必须是存在饭店“贵重物品保管处”的贵重物品，否则，如果客人没按要求将其贵重物品存放在贵重物品保管处，对于因此而造成的贵重物品的丢失饭店可以不负责任或少负责任，只按一般物品进行赔偿。其次，很多饭店为客人在客房内提供贵重物品保险箱，对于在这种保险箱内“丢失”的物品(一般不可能出现)，饭店可以不予赔偿，因为，此时保险箱的密码只有客人自己知道，别人不可能打开(除非连保险箱也被人偷走)，何况，客人对是否将贵重物品存入保险箱、贵重物品为何物以及是否“丢失”等也无法举证，因此，对于饭店来说，为客人在其客房内提供保险箱，也不失为一种可以免除(或至少是减少)饭店对客人贵重物品赔偿责任，从而减少损失的良方。

另外，为了防止一些客人声称自己“放在贵重物品保管处的钱少了”，或“钻石被人偷换了”等类似事件的发生，饭店应要求客人在客人寄存贵重物品时，将贵重物品用饭店提供的专用信封封起来，并请客人在封口处签字。这样，饭店就只对存在贵重物品保管处的确实丢失的物品负责。

案例与思考

委屈的员工

2008年3月，张女士参加了一旅游团海南岛四日游，在海南岛旅游住宿某饭店期间，发现自己一条非常贵重的项链丢失了，而且，他怀疑是客房服务员偷走了，该名客房服务员是饭店的优秀员工，曾多次拾金不昧受到表扬。但饭店还是将这间客房的每个角落以及该名服务员可能到过的地方都做了认真的清查，却仍然找不到这条遗失的项链。服务员感到受到了极大的伤害，万分委屈。可是张女士不依不饶，多次申言项链之贵重，请饭店向警方报案，并要求饭店巨额赔偿。

思考：

1. 根据本节对贵重物品保管相关知识的学习，饭店能否满足张女士的要求？
2. 如不能满足其要求，饭店该如何赔偿张女士？

综合实训

结合本节内容的学习，请同学们分组模拟演练客人(散客、团队)入店的行李服务程序，演练过程中一定要注意服务的细节，最后由大家评选出最优秀的一组。

任务四 MISSION4 委托代办服务

任务描述

委托代办服务主要由饭店礼宾部的工作人员来承担，他们全方位满足住店客人提出的一切合理而可能的要求，令客人喜出望外，树立良好的企业形象，从而培养饭店的忠实客人。委托代办服务主要有车辆服务、购物服务、店内递送服务、店内寻人服务、客人留物转交等。

一、车辆服务

星级饭店都会为客人提供叫车服务，一般由行李员或门童担任。

首先，当客人有叫车服务时，工作人员应主动上前热情接待，问清客人的需求，客人出行的目的地，以便与出租车司机沟通。

其次，并将出租车的信息告知客人，以防客人将物品遗忘在出租车内或其他事件的发生。

最后，热情礼貌地送客人上车。

二、代购服务

客人行李物品损坏，要求代购物品，店内又无法满足客人的要求时，由礼宾部派人为客人提供购物服务。

首先，对提出要求的客人，热情主动地接待。

其次，购买的物品一定要做好登记(物品的规格、费用等)。

最后，服务准确、及时。

三、店内递送服务

客人有店内递送物品服务时，主要由礼宾部的行李员传送。

首先，行李员应熟悉递送物品的特性，传送物品的程序、路线，接受传递时清点传送的物件。

其次，掌握接收人姓名、房号或接收单位，要求传送准确、及时，交接手续规范。

最后，无误传、延误等责任事故发生。

四、店内寻人服务

当客人的亲人、朋友在饭店与自己走散了，客人需要马上找到他们，这时，可以求助店内工作人员帮助寻找，我们相关工作人员应转接好自己手中的工作立刻帮助客人寻找。

首先，安抚客人，告诉客人不要着急，引领客人到大堂吧的沙发上等待，自己马上帮他寻找。

其次，问清需要寻找的客人的基本情况，如，姓名、性别、年龄、身高、体重、服饰等，客人可能去的地方。

最后，多方联系，立刻寻找，帮助客人解决问题。

五、客人留物转交

礼宾部提供为客人留物转交的服务。

首先，客人要求留物转交服务时，接待人员一定要主动热情，要求客人书写《转交物品委托书》，委托书要写清楚、规范，特别是物品接受人的基本信息一定要书写规范，以免工作人员核对信息时出现问题。

其次，当物品接受人来取物品时，工作人员一定要按照客人《转交物品委托书》的信息认真核实物品接受人的信息，做到确认无误，登记签字手续规范。

最后，转交物品中无任何损坏、丢失、差错等责任事故发生。

案例与思考

精心的“礼物”

2007年7月初，上海中旭管理有限公司在某饭店宴会厅进行培训，客户经理李先生和太太同时下榻于饭店。在培训的准备阶段，李先生每天忙于会务接待，无法与同行的太太到景区旅游，并且李太太的生日就在入住后的第二天。李先生很希望送太太一束粉色的玫瑰花来表示歉意和爱意。饭店拥有自己的苗圃和花园，但不凑巧的是恰好没有了李先生想要的粉色玫瑰花，而饭店位于杭州东方文化园内度假区，到最近的花店则需半个多小时的车程，再加上插花所需的时间，至少也需要两三个小时，繁忙的工作让李先生分身无术。无奈之中，李先生抱着试试的想法，找到了饭店的礼宾部小俞。在了解到李先生的情况后，小俞马上拨打电话查询了鲜花价格，在李先生同意后预订了送花服务。小俞告诉李先生两个小时后鲜花会送到饭店。整个下午李先生都在忙于接待客户，而把手机忘在了房间里，小俞经过多方查找，终于在会场外找到了李先生。李先生也终于看到了心中想要的鲜花——33朵包装精美的粉色玫瑰，此外还有小俞替李先生准备好的生日贺卡。当李先生看到这准备好的一切，紧紧握住小俞的手表示感谢。太太的生日在第二天，李先生不想现在把鲜花放在房间让太太看到，而是想给太太来个惊喜。小俞建议李先生：将鲜花储存在饭店花房的冰柜中，保持花朵最美丽的状态，在明早7时由楼层管家送花到房间。第二天早上七点，楼层管家一手捧着鲜花，一手捧着果盘来到李先生的房间，果盘是饭店为李太太生日特别准备的。楼层管家在离开前还为李太太送上了饭店真诚的生日祝福，李太太流下了感动的眼泪。

思考：

1. 尽量满足客人的需求外，本案例中小俞和饭店还做了哪些更加细致的工作？
2. 真正打动李先生和李太太的是什么？如何理解委托代办的实质？

综合实训

请同学们分组模拟演练委托代办服务，委托代办任务可包括如下内容。

A. 帮客人订车外出。

B. 帮客人在外订餐位。
C. 帮客人外修手表。
D. 帮客人代购物品。
E. 帮客人转交物品。

任务五 MISSIONS 前厅收银服务

任务描述

前台收银处通常位于大厅显眼处，与前厅接待处、问询处相邻。其隶属关系，因饭店而异。通常其业务方面直接归属于饭店财务部管理，其他方面由饭店前厅部管理。本节主要要求学生们掌握前厅收银的业务范围、客账管理及其他业务。

一、前厅收银业务范围

第一，处理客人的账务。

第二，负责除饭店商场部以外各营业点的收银业务。

第三，办理外币兑换业务。

第四，办理客人离店结账手续。

第五，负责客人贵重物品的寄存与保管。

二、客账管理

前厅客账管理是一项十分细致复杂的工作，时间性和业务性都很强。前厅客账管理的好坏，直接影响饭店的经济效益和对客服务质量。

(一)客账记录

为避免收银工作出现差错，防止逃账漏账给饭店带来的损失，必须有一套完备的制度来规范前厅收银处客账记录，并依靠各业务部门的配合及财务部的审核监督。客账记录的方法和要求是：

1. 账户清楚

客人办理完入住登记手续后，前厅接待处将给每位客人设立一个账户，由收银处记录该客人住店期间的房租以及其他各项花费，已用现金结算的费用除外。它是编制营业报表的依据之一，也是客人离店时结算的依据。饭店通常为散客设立个人账户，团队客人设立团体账户。团队客人超出规定费用标准以外的费用，记入为该客人另设的个人账户内。各账户必须清楚、准确，特别是姓名、房号等客户信息必须与住宿登记表内容保持一致。

2. 转账迅速

客人住店时间较短，一系列的消费都在几天、甚至几小时内发生，这就要求转账迅速。

各业务部门必须将客人的消费账单及时输入收银机，以便前厅收银处能及时获知客人的应付款项，保证结账准时，准确无误，防止跑账、漏账的发生。

3. 记账准确

客人住店期间所发生的一切费用，如房租、饮食费用、洗衣费、长途电话费用等，除非客人愿在发生时以现金结算，否则均可在客人签字认可后由各有关部门将其转入前厅收银处客人账户内。这就要求记账准确，填写的客人姓名、房号、费用项目和金额、消费时间等必须清楚，并和客人账户记录保持一致。

(二)客人离店结账

现代饭店一般采用“一次性结账”的收款方式，既方便了客人，又能提高工作效率，保证对客服务的质量。通常，客人可采用下列三种方式结清款项：一是现金，二是信用卡(必须是本饭店可接受的)，另外，也可使用支票或旅行支票支付。

客人离店结账的程序是：

第一，客人要求离店结账时，收银员应面带微笑，问清客人房号，确认客人姓名，同时收回房间的钥匙。

第二，通知客房服务中心查房，询问客人在不久前是否接受过需要付费的服务，以免漏账。

第三，向客人报告在饭店的消费总数，打印出总账单，呈交客人过目检查认可。如果客人支付现金，则在账单上加盖“收讫”章；如果客人使用信用卡，则按照POS机刷卡流程操作即可。

第四，收银员向客人表示感谢，并欢迎再次光临，同时询问是否需要为他们预订下次来时的房间。

第五，结账后，将客人的登记卡、结账单、发票等各种凭证存档，以便夜间审核。

(三)夜间审核与营业报表的编制

1. 夜间审核

前台收银处进行夜间审核，是为了确保饭店营业收入数据的准确性。其任务包括：在每天营业结束时，将房租和当天发生的费用累计入账，结出客人分账户的余额，检查当日账目的正确性，并编制营业日报表。

其步骤为：

第一，检查所有营业部门的账单是否都已入账。

第二，检查账单的入账、填写是否准确。

第三，将所有尚未入账的单据登入账户。

第四，将账单按部门分类，计算出各部门的营业收入。

第五，检查所有折扣是否有正确的签字批准标志，是否已入账。

第六，将当天的房费及服务费记入客人分账户内。

第七，复查客人结账离店时分账户的收款是否正确，借贷是否平衡，转账是否入到财务部的收款账户中。

第八，分别整理每个账卡的借方和贷方金额，计算出当日的余额。当日余额＝昨日余额＋本日借方发生额－本日贷方发生额。

第九，将当日余额记入下一日新开账页的“接上页”行内。

第十，编制营业日报表。

2. 营业日报表的编制

营业日报表是反映饭店营业情况的业务报表。通常，营业日报表一式两份，一份于次日清晨送至总经理办公室，以便管理者及时了解饭店的营业情况，做出经营决策。另一份送交财务部，作为核对各部门营业收入的依据。

(四)特殊情况的处理

1. 通知客人结付账

有些客人住进饭店后并没有确定离店日期，住店时间较长，账款一直上升也不来结付，此时必须通知客人前来付款以免其欠款太多。催促客人付款时，可采用发催款通知单的方式，将客人房号、姓名、金额、填表日期等填写好后，装入信封交前台，放入钥匙格内。客人收到催款通知单后一般会前来结账。若客人欠款较多又拒不付账，应及时报告主管。催款通知单的填写应注意措辞，在发出前应先让主管过目，以免得罪特殊客人。

2. 住客信贷处理

饭店财务部的信贷经理负责处理住客的信贷款项，收银处则是协助信贷经理把好关，既不能得罪客人，或使客人感到不便，又要保护饭店应有的利益。收银处要与信贷部门保持密切联系，如果客账累计超过一定金额时，应马上通知信贷部门采取适当措施，避免出现“走单损失”的可能性。如有“走单”，应保存“走单者”名单，以防这些人再到饭店行骗。

三、前厅收银处其他业务

(一)外币兑换服务

饭店为方便客人，可依据中国银行的委托，按国家外汇管理局公布的外汇牌价，代办外币兑换业务。目前，中国银行除收兑外币现钞外，还办理旅行支票、信用卡等收兑业务。前台收银员应了解并掌握外币兑换的业务知识，以做好此项服务工作。

饭店受中国银行委托，代办外币兑换业务。中国银行根据饭店业务量的大小，拨给饭店相应的定额周转金。饭店前台收银处兑换点每天定时将所收外币、银行支票及外币兑换凭证递交中国银行并换回等额的周转金(亦可由代兑饭店垫付后再向银行办理结算)。

外币兑换服务程序如下。

第一，弄清要求。即弄清客人兑换要求。

第二，清点钞票。清点、唱收客人所需兑换的外币种类和金额。

第三，鉴别钞票。使用货币识别机鉴别真伪，并检查其是否属现行可兑换的外币。

第四，填制水单。查清当日外汇牌价，将外币名称、金额、兑换率及应兑金额填写在水单相应栏目内并准确换算。

第五，客人签名。请客人在水单上签名。

第六，检查复核，确保准确。

第七，支付款项。核对无误后，将兑换好的款额付给客人。

(二)旅行支票

旅行支票是银行或旅行社为方便国内外旅游者而发行的一种有价证券，也叫定额支票、汇款凭证。

收兑旅行支票的服务程序是：

第一，弄清客人的兑换要求。

第二，检查支票。检查、核对其是否属可兑换之列，有无区域或时间限制。

第三，清点数额。与客人核对，确保无误。

第四，请客人出示有效证件，并进行复签。要求复签应与初签相符。

第五，填制水单。查看当日牌价，准确换算，扣除贴息，填制水单。

第六，客人签字。请客人在水单上签字，客人如有疑问，前厅收银员应耐心解释。

第七，检查复核。

第八，支付款项。核对无误后，将兑换好的款额支付给客人，并唱收。

(三)信用卡

信用卡是由银行或信用卡公司提供的一种信贷消费凭证。信用卡上面印有持卡人的姓名、号码等，持卡人可凭信用卡在指定的商店、饭店、公司内进行消费。为方便旅游者，中国银行自 1981 年 4 月起，先后与一些代理行签订协议，代兑由它们发行的信用卡。目前可兑换的信用卡包括以下几种。

美国运通公司的运通卡(American Express)。

香港汇丰银行的东美卡(签证卡)，(Visa Card)和万事达卡(Master Card)。

香港南洋商业银行的发达卡(Federal Card)。

案例与思考

错误的账单

2007 年 3 月 5 日，李先生在某饭店办理离店手续，当他办理完手续拿到结账单后发现结账单里包括在大堂吧的 160 元茶水消费，但李先生怎么也想不起来自己曾在大堂吧消费过，怎么多出来这笔费用呢？于是便和收银处交涉，收银员了解情况后马上向前厅经理汇报，前厅经理立刻调查此事，经过多方调查才了解此事，原来李先生住 606 客房，而 909 客房的客人去大堂吧消费，由于大堂吧的客人非常多，工作人员忙中出错，把 909 客房客人的房卡编号看成了 606，所以，挂账时出现了错误，让李先生虚惊一场！

思考：

1. 根据对案例的理解，简述收银工作的重要性；
2. 如果你是前厅收银人员，客人要办理离店手续，你应该注意哪些程序？

综合实训

掌握前厅收银的业务范围并分组模拟练习客人离店的结账程序。

任务六 商务中心服务

MISSIONG

任务描述

为了满足客人的需要，现代饭店一般都设有商务中心，为客人提供订票业务、快递业务、复印和装订服务、秘书或翻译服务、收发传真服务、会议室出租服务等。

商务中心通常设在饭店大堂附近的公共区域内，一是为了方便客人；二是为了便于与前台联系。此外，为了方便客人从事商务活动，商务中心应具有安静、舒适、优雅、干净的环境。

一、受理客人订票业务

饭店商务中心票务处主要是为客人代办飞机票、火车票、船票等票务工作。

(一)票务工作程序

第一，检查电脑及取票设备是否运转正常及运转线路是否安全。

第二，检查工作场所是否清洁。

第三，清点钥匙、票据、票款。

第四，阅读交班内容。

第五，整理订单。

第六，翻阅订座记录表，随时恭候客人的到来，并提供热情的服务。

第七，掌握准确的销售情况。

第八，清点票据、票款。

第九，缴款。

第十，整理物品。

第十一，交班。

(二)票务操作细则

第一，当客人进来时，应主动上前招呼客人。

第二，客气地了解客人所需车票的日期、班次和张数。

第三，按客人的需要迅速查阅订票控制表。

第四，查阅客人证件的有效签证和期限(要准、要快)。

第五，在订票本上记下客人的姓名、房号和张数。对即取的客票，需在备注栏内写上出票日期、时间和已取，填工号，并在行首打上“√”以便查阅核对。

第六，唱收唱支客人的票据和款项。

第七，交票给客人时，需请客人复查一遍，要提醒客人：车票售出后，不负责退换。请核准票上的时间，提前一小时到达车站办理有关手续。

二、受理客人快递业务

商务中心工作人员要熟悉寄送快件的业务范围和有关规定，客人要求快递业务时，接待时一定要热情主动，按限定种类接收，检查客人快件物品及其包装，准确填写发往国家、地区及收件人地址、单位、姓名、登记手续规范。称重、包装服务快速，发出时间不超过 3 小时。入账收费准确。

三、受理复印、装订服务

(一)准备

第一，拿到原稿后，首先识别纸张的规格，告诉客人复印价格，并问明客人具体要求(如复印纸型规格、复印张数)。

第二，填写复印登记表。

(二)复印

第一，打开机器，选择适当的纸匣，按操作程序复印。

第二，确认纸张的尺寸和复印数量。

第三，检查所做的复印是否清晰。

第四，取原件，如果原件是若干张，应按客人原件顺序排好。

(三)装订

第一，客人复印后要求将文件按原件顺序规格装订，要为客人选择中意的装订封皮和环套，无问题后，将复印件卡放在装订机上，按下打孔卡打出孔洞，完成装订。

第二，如果装订的文件较厚，应分批进行，但要将每批的打孔位置对齐，将封皮及复印文件码放在一起，同时打孔装订。

(四)结账

第一，开账单。

第二，将复印件及原件交给客人后收费，如果客人签单，将第一、第三联交给结账处，第二联留底。

第三，如果店外客人，请其先付押金。

第四，在登记本上登记。

四、受理秘书、翻译服务

(一)准备

第一，当客人提出需要秘书或翻译服务时，首先要了解客人需要服务的业务范围、语种和具体要求，并向客人报价。

第二，选择合适的秘书、翻译人员，并征求客人意见。

第三，秘书、翻译人员要事先做好准备。

第四，对客人的译稿、语言和有关资料必须严格保密。

(二)翻译、秘书

第一，提供笔译服务时，接到翻译件要当场阅览一遍，弄清原文内容，同时询问客人译完文稿时间，如有疑问要请教有关专家，翻译后的稿件，应经由其他翻译人员进行一次以上的审核校对，最好将译稿打印出来，征求客人意见，如客人要求修改，须按客人要求尽快完成。

第二，提供口译服务时，要主动征询与客人谈话的情况，对口译的要求，应准备的资料、用品，口译时要注意礼节礼貌，并做好翻译记录。

第三，提供秘书服务时，要主动征询客人对秘书工作的要求、时间安排、注意事项、秘书工作的文具用品单，事后主动征求客人意见。

(三)结账

第一，开账单收费。

第二，在登记本上记录。

五、收发、传真服务

（一）接收

第一，接到传真后，首先要与电脑核实，再通知客人（如果没有弄清房号，一定要设法查清）。

第二，客人来取传真时，开单收费，然后将传真件递给客人。

（二）发送

第一，先请客人坐下，并迅速递给客人传真纸。

第二，问清客人发送地，请客人填好传真发送表（包括国家和地区代码、客人姓名、房号、预计离店日期、客人签字）。

第三，告诉客人发送传真计费方式，填表后，确认国家及地区代码是否准确。

第四，发传真时，要把账单号、传真号、传真张数写在账单和传真登记表上，发完后要把起始时间写在登记表上，所用时间写在账单上。

第五，按机器操作程序发送，发送成功后，向客人展示原稿上传真机打印的小标记，然后将原稿还给客人。

第六，在旺季，有时传真机会供不应求，应礼貌地向客人解释并告诉客人：我们会尽快为您发出，请不必担心，如果客人无法等到发送完毕，则告诉客人传真发出后将把原件送回房间，请客人先签单。

（三）结账

第一，费用包括发送费用、服务费。

第二，将总价正确计入到客人房账或收取现金。

第三，将发送报告订在账单的第三联上连同所收款一起交给结账处，将账单第一联交给客人，第二联留底。如果客人签单，将第二联留底，第一、第三联交给结账处。

第四，如是店外客人，请其先付押金。

六、会议室出租服务

（一）接收预订

第一，店内客人预订会议室需问清姓名、房间号并告诉客人租金。

第二，店外客人来电话预订会议室须留下客人的姓名和电话号码。

第三，客人来商务中心预订会议室，请客人在《会议室预订日记本》上签字并交押金。

第四，所有商务中心的会议室的预订必须记录在《会议室预订日记本》上。

（二）询问客人

第一，询问是否需要饮品，如茶、咖啡等。

第二，询问是否需要投影仪、录像机、放大机、信纸等。

第三，询问客人有无其他特殊要求，若有则提前做好准备。

(三)检查会议室

第一，在会议室出租前一小时检查会议室布置规格和用品的摆放。

第二，检查会议室是否整洁，确保为客人提供整洁、舒适的开会环境，发现问题并及时解决。

案例与思考

坏了的传真机

2008 年 10 月 12 日，张先生出差下榻某饭店，到了饭店后才发现有一份重要文件忘带了，这份文件是明天和客户谈判的重要资料，张先生心里特别焦虑，这可如何是好，于是，马上给单位的同事打电话，让同事马上把文件用传真机发过来，张先生去饭店的商务中心后，问工作人员传真机的号码是多少？这时，工作人员正在电脑前进行着微机操作，告诉他 84838555，可是过了大概半个小时，还不见文件发过来，于是，张先生请工作人员帮忙，这时，这名工作人员才想起来，传真机坏了，报修还没有修好，张先生很是无奈……

思考：

根据本任务所学内容，简单评析一下此案例，如果你是这名工作人员，你会如何做？

综合实训

熟练掌握商务中心的各项服务程序，并能将其理论知识与实践相结合。

项目四 PROJECT 4 前厅客房预订业务

客房预订，是指客人或代理机构为住店客人在抵店前与饭店客房预订部门所达成的一种订约。饭店一般在前厅部都设有预订处或预订部，是专门受理客房预订业务的部门。客人通过预订可以保证自己在酒店的住宿，而饭店则可以通过预订提前做好一切接待准备，提高客房利用率，所以预订是饭店一项十分重要的业务。

任务一 MISSION1 客房预订的渠道方式与种类

任务描述

饭店预订部是前厅部的一个部门，是调节和控制整个饭店房间预订、销售的中心，是服务于客人的超前部门，饭店客房的销售不只是销售部或客房部的事，作为直接受理客房预订业务的预订部在整个客房销售的过程中起着承前启后的作用，因此，做好客房预订工作无疑是十分重要的，客房预订的主要内容包括预订的渠道、预订的方式和种类。

一、客房预订的渠道

(一)直接预订渠道

直接预订渠道指客人不经过任何中间环节直接向饭店订房。客人通过直接渠道预订房间，饭店不仅所要消耗的成本相对比较低，而且还能对订房过程进行直接有效的管理与控制。散客订房，可以通过电话、网络、传真等方式进行。

(二)间接预订渠道

利用中间商与客源市场的联系以及影响力，利用中间商的专业特长、经营规模等方面的优势，通过间接销售渠道，使饭店的产品和服务更全面、更顺畅、更快速地推销给客户。例如旅行社订房、航空公司订房、各种国内外会议组织订房、分时度假组织订房、国际订房网络组织订房、其他组织订房均属于直接渠道订房。

二、客房预订的方式

(一)电话预订

电话订房比较普遍，其特点是方便、快捷，客人与饭店容易沟通。但受区域和语言障碍，电话的清晰度等的影响，往往容易出现听不清或理解错误的情况。因此，预订员必须首先听清客人的要求，并及时记录。然后向对方完整的复述，从而得到客人的确认。

近年来，电话预订业务发展迅速，并成为国际、国内促销、扩大预订业务的新手段，被称为“免费预订热线”的“800”，既省时、快捷，又不产生费用，方便了客人。

（二）网络预订

这是目前国际、国内较先进的订房方式。随着计算机技术的迅速发展以及网络的不断普及，出现了很多提供网上预订业务的专业网站，如携程、艺龙等。越来越多的客人乐于使用这种成本低廉、操作快捷，又极具个性化的预订方式，可以说，网络预订已经成为最常见也最便捷的预订方式之一了。

（三）传真预订

传真订房，即当前国际、国内较先进的图文传真订房方式，具有方便、迅速、准确的特点，尤其是可以使相隔千里的客人与饭店之间完整地、毫无遗漏地交换各自的资料及要求，同时还可以形成客史档案资料及合同的证明文件。具体应该做到在接收和发出传真后，及时打上时间印记；回复客人的时候简明扼要；接收客人的传真订房资料要保留存档，以备日后查对。

（四）信函订房

这种方式虽然传统，但比较正规，以邮寄或托人转交的形式传递客人与饭店的订房交易。由于是“白纸黑字”，并附有客人本人的签名和已备案的代理机构印章及负责人签字，同样可以作为预订客房、客史资料的相关文件。这种方式比较适合提前预订的时间充裕的客房和以接待度假或者会议为主的饭店。这种订房方式信息比较可靠，客人也能写明特殊要求。

（五）当面订房

预订员与客人面对面地洽谈订房事宜，一方面使预订员有机会详细地了解客人的要求；另一方面还可以根据客人的喜好、行为特点，进行有针对性的促销和推销。必要时还可以向客人展示其他房间供客人选择，便于与客人建立良好的沟通和信任的关系。尤其在客人即将离店前，可以主动提出返程预订，尽可能避免承诺下次入住时的具体房号，但是饭店很难通过这样的方式了解客人的信用状况。所以在此类订房要求中，应该向客人说明所订的房间只能保留到某一时间为止，逾期则自动取消，并且应该要求客人先预付定金。

（六）合同订房

饭店与旅行社或商务公司之间通过签订订房合同，达到长期出租客房的目的。由于此方式预订的房价相对比较低，大型饭店通常以此种形式发展会员客人，会员订房享有一定比例的折扣和优先订房的待遇，这是饭店将顾客组织化的一种重要手段。有些饭店设有会员制度，一般都以饭店的常客为对象，享有特别的折扣或者是优先订房或者是客房升级的待遇，这种方法可以提升客人对饭店的信赖度。

三、客房预订的种类

尽管客人预订时采用不同的形式，饭店为便于管理，通常将各种预订归纳为保证性预订、确认性预订和临时性预订三种类型。

（一）保证性预订

即是饭店在任何情况下必须保证客人预订后实现的承诺，同时客人也要保证按时入住，否则要承担经济责任。

1. 预付定金担保

客人或他们的代理人（代理机构）在抵店入住前须先行支付预订金。由于各饭店自行制定的信用政策不同，所以标准也有所不同。饭店的责任是向客人预先说明取消预订、退还预付款的政策及规定，并保证按客人要求预留相应的客房。对于饭店而言，客人预付定金是最理想的保证性预订方式。

饭店为加强预付定金的管理，要提前向客人发出支付预订金的确认书，陈述饭店收取预订金及取消预订和收取消费的相关政策。收到预订金后，饭店应向预订人员出具收据。

2. 信用卡担保

指客人将所持信用卡种类、号码、失效期及持卡人姓名等以书面形式通知饭店，表示保证预订。即使由于各种原因客人不能按时抵店，饭店仍可通过银行或信用卡公司获取房费收入或违约收入。例如，美国运通组织的“信用卡订房担保计划运通卡”的客人，在订房后未按时到店的，饭店可以根据订房客人的信用卡号码、姓名及预订未到记录等相关文件向美国运通信用卡公司或授权的机构收取相关房费，以减少饭店经济损失。

3. 合同担保

该方法是指饭店与有关公司、旅行社等就客房预订事宜签署合同，以此确定双方的利益和责任。合同的主要内容是明确向未按预订日期抵店入住客人收取房费，同时，还要明确饭店应保证向与之签订合同的公司或旅行社提供所承诺的客房。总之，签订合同对双方均有约束。

（二）确认性预订

通常是指饭店同意为客人预订并保留客房至事先约定的时间。这是经常使用的一种比较重信誉的预订方式。如果客人过了商定的截止日期而未到店，也未提前通知饭店，在用房高峰阶段，饭店可另租给其他客人。

（三）临时性预订

临时性预订是预订种类中最简单的一种。临时性预订是指客人在即将抵达饭店前的很短时间内，或在当天才联系预订。

想一想

哪些情况下，饭店应该建议客人提前做保证性预订？

案例与思考

“三天变一天”的预订

“十一”黄金周期间，两位外地游客来到某大饭店的大堂。

“小姐，请查一下我们的预订。”

“先生，你们只预订一天的标准间，是吗?”前厅服务员小刘查阅了一下预订记录对客人说。

“公司为我们预订的明明是三天的客房，现在怎么变成了一天呢?”客人听了很不高兴。

“这两天是旅游旺季，现在房间特别紧张，当时已经跟你们公司说过了，他们也同意了。”小刘仍用呆板的毫无变通的语气说。

“我根本没有兴趣也没有必要去追究预订客房差错的责任问题。你们必须要解决我们的住宿问题，反正明天我们不走，你们看着办吧。”客人说罢更加恼火了，大声吵了起来。

正当小刘与客人僵持之际，大堂副理闻讯赶来，首先他给客人说明饭店的原则，“你们的要求是正确的，眼下追究责任并不是主要的。不过这几天正是旅游旺季，双人标准间也很紧张，你们看这样行不行，我设法安排一间套房，请你们明后两天继续住在我们饭店，虽然套房房价要高一些，但设备条件非常不错。”大堂副理以抱歉的口吻说。

“那怎么行，说好的又要变，开黑店啊。”客人不满意地说。

“对不起，先生，实在是非常抱歉，这样吧，以我的权限，我给你们打个八折好吗，跟您现在的房价比就差 100 元。”大堂副理继续以商量的口吻说。

“那就这样吧。”客人觉得这位大堂副理的态度诚恳，提出的补救办法也可以接受，于是点头同意了。

思考：

如果你是接待员小刘，你应该如何处理这个问题？

综合实训

对话 1：散客预订

预订员：您好，这里是××饭店预订部。

客　人：您好，我想预订一个标准间，从 1 月 15 号到 18 号。

预订员：先生，请问您贵姓？

客　人：姓王。

预订员：王先生，请稍等。您是几位入住？

客　人：我自己。

预订员：对不起，王先生，让您久等了，1 月 15 号到 18 号的标准间我们已经没有了，但是我们还有大床间，房间更宽敞一些，住起来会更舒适，每晚 600 元，比标准间多了 120 元，您看怎么样？

客　人：能打折吗？

预订员：王先生，现在是旅游旺季，房间比较紧张，现在已经是最低的价格了。

客　人：好吧，就订一间吧。

预订员：王先生，请报一下您的全名。

客　人：王刚。

预订员：王先生，您将使用信用卡还是现金结账？

客　人：使用中国建行的龙卡。

预订员：您将在什么时候到达？乘坐哪一次航班？需要接机服务吗？

客　人：1 月 15 日下午 13 点左右到达。不需要接机，谢谢。

预订员：王先生，现在是旅游旺季，房间比较紧张，我们将给您保留房间到 1 月 15 日下午 6 点钟，您还有什么其他需求吗？

客　人：我希望住的是无烟客房。

预订员：好的，我们会给您安排无烟客房。请留一下您的电话。

客　人：13605135……

预订员：王刚先生，您预订了我们饭店 1 月 15 日到 1 月 18 日的大床间一个，住三个晚上，房间的价格是每晚 600 元，无烟客房，您将使用龙卡结账，并在 1 月 15 日下午到达，您的联系电话是 13605135……

客　人：对了。

预订员：感谢您预订我们饭店，我们将期待您的光临。

对话 2：团队预订

预订员：您好，××饭店预订部，请问您需要什么帮助？

客　人：您好，我是××公司，我需要预订会议团队房间。

预订员：好，请问会议的名称、天数和需要的房间数？

客　人：产品研讨会，4 月 8 日到，两天。

预订员：请问多少人，需要何种房间？

客　人：50 人左右，先订 25 个标准间。

预订员：请稍等。好的，给你安排 25 个标准间，您的客人是散进散出，公司付费吗？

客　人：对，公司只付房费和餐饮费，杂费由客人自己支付。

预订员：好的，按照我店与贵公司的优惠价协议，每间每晚 60 美元，包括早餐。另外，午、晚餐的标准有何特别要求吗？

客　人：午、晚餐将按每人 10 美元的标准，中餐自助。

预订员：会场布置有什么要求吗？

客　人：简单地布置一下就可以，抵店前我会去饭店看一下的。

预订员：好的，谢谢您。请问如何称呼您，还有您的电话号码是多少？

客　人：王刚，66889……

预订员：付款方式是支票吗？

客　人：对。

预订员：能否放下电话后，做一个付费担保呢？

客　人：可以，我会用传真发过去的。你们饭店的传真号还是 66888……吗？

预订员：是的。收到付费担保后我会发一份确认函给您。

客　人：好的。

预订员：王先生，您预订的是 4 月 8 日到 4 月 10 日的 25 个标准间，用房两天，每间每晚 60 美元，包含早餐，午、晚餐标准各 10 美元，中餐自助，需要一个小型宴会厅，会议关于产品研讨，一般布置，抵店前会来本店确定一下的，您的客人是散进散出，公司承担房费和餐费，杂费由客人支付，付费方式是支票，同时会给我们发一份付费担保函的，您的电话是 668896……对吗？

客　人：对。

预订员：谢谢，再见。

客　人：再见。

请你对上述两则对话进行评析。

任务二 MISSION2 客房预订的流程及受理

任务描述

对于预订服务，饭店一般都会事先制定相关的作业流程，并对订房人员予以培训、指导，作为前厅负责订房的服务人员，需对操作流程及注意事项相当熟悉，才能有能力应付订房的工作，主要内容包括受理预订、确认预订、婉拒预订。

一、受理预订

预订员首先要准确掌握本饭店客房的特点、价格及当前预订状况和相关促销政策，在遇有客人进行预订时，应迅速查看预订控制簿或计算机，明确客源类型(即散客还是团队)后，听取客人预订要求，向客人做简要的产品介绍，填写“客房预订单”，将客人姓名、抵离店时间、房间类型、价格、结算方式等各项内容填写清楚。

如果确实无法满足客人的需求，应对预订客人婉拒，实事求是地说明情况。婉拒预订时，不能因为交易未达成而停止服务，而应该主动提出若干可供客人参考或选择的建议，在征得客人同意后，将其列入“等候名单”中，最后要对客人表示感谢。这样做不但可以促进客房销售，同时还可以树立饭店的良好形象。

(一)电话预订的受理程序

铃响三声，接听电话→问候客人，并自报部门：某饭店预订部→聆听客人要求，询问住店客人姓名及预订要求→介绍房间的种类和房价→确认预订，根据实情准确填写预订单→询问客人抵店时间、抵达航班，向客人说明预订房间的保留要求→询问预订代理人情况(姓名、电话号码)→复述预订内容→完成预订，向客人致谢→将客人的预订单存档。

(二)传真预订的受理程序

第一，仔细阅读函电内容。

第二，准确掌握房间状况以及市场信息→标记出预订房间，以便识别→查看房态，确定当日订房状况→确定是否受理预订→回复：①在收到传真预订要求应当日回复。②立即回复加急函电。③回复电传、传真，使用标准格式或通用的缩写方式。④给客人回复有效的预订信息或者取消信息→存档。将电传、传真的回电与来电附在一起，按日期、姓氏字母存档。

二、确认预订

1. 确认内容

(1)满足客人对预订房间的要求。

(2)满足客人对预住期限的要求。

(3)与客人就房价达成一致意见。

(4)与客人就付款方式达成一致意见。

2. 预订确认的方式

(1)口头确认。口头确认也可以是电话确认，即将上一个工作流程所接受的预订，在同客人联系时予以认可和承诺。

(2)书面确认。预订员可以采用信函、传真、电子邮件等书面形式与客人确认预订的各项内容。书面确认不仅仅是复述客人的预订要求，同时还应向客人陈述价格、定金、日期、取消预订及付款方式等相关规定和政策。实际上书面确认是饭店与客人之间达成交易的书面协议。根据国际订房的惯例，不管订房人是以口头或者电话的方式订房，还是以书面形式订房，只要是客人订房与来店的日子之间有充足的时间，饭店都应该向客人寄送书面订房确认书。客人也可以通过书面订房确认书验明是否与自己提出的订房要求吻合；饭店则可以通过确认书核对客人的信用关系、家庭或者工作单位地址。由于订房确认书是饭店与客人之间履行权利和义务的协议书，其中的有关事项，如付款方式、保留客房截止时间、房间价格等都会对双方的行为形成法律的约束力。订房确认书也是饭店对客服务的指南书，比如在其中明确告知客人饭店有关最迟到店时间和取消订房应注意的事项，以及客人从机场、车站、港口抵达饭店的乘车路线等。

三、婉拒预订

房间订满，甚至超额预订对饭店营业来说是大有益处的，也是竞争市场下获胜的必要条件，但也对订房工作产生了不利影响。一般情况下，尽量避免拒绝客人的订房要求，尽可能用其他途径帮客人订房，如若双人房已满，则可向客人介绍其他种类的房间（如套房等）或暂做候补，待有房间时，再与对方确认。拒绝客人的预订需要时订房人员应更透彻更努力地去了解客人的心理，用友好、遗憾和理解的态度对待客人。一般采用以下步骤。

第一，称呼客人的姓，并致歉。

第二，讲述无法安排客房的理由，争取客人的理解。

第三，客人表示理解后，建议客人订其他日子的房间或其他种类的房间及其他服务。为客人下次光临本店打下基础，留下良好印象。

案例与思考

聪明的预订员

前厅部预订处小王接到一位外国客人从异地打来的电话，该客人想预订70美金/天的标准间，并预计当天下午到达。

小王马上查阅了客房状态表，回复客人标准间已经全部订满。可外国客人说："我们在这里人生地不熟，只知道你们饭店，还是希望你给想想办法。"

小王查看了预订预报表、预订控制簿以后，用商量的口气说："感谢您对我们饭店的信任，我建议您和您的朋友准时来本地，先住一两天我们饭店的豪华套房，我们会尽快给您调整房间。豪华套房每套每天收费是160美金，在套房内可以眺望海滨的优美景色，室内有家具和古玩摆设，我们还会提供最上乘的服务，相信您住了以后一定会满意。"

客人听小王这么一说，欣然答应先预订两天的豪华套房。

思考：

如果你是接待员，你会用什么方式妥善处理此事？从小王身上我们能够学习到什么？

任务三 MISSION3 客房预订变更处理

任务描述

客人在抵店前出于某种原因要对原预订做补充或修改，甚至取消原订单，接到客人改变预订的要求后，预订员首先应察看计算机或有关预订的控制记录，看是否能满足客人的变更处理，如能够满足，则予以确认，并填写预订变更表，如不能，则应将饭店空房类型与有空房的日期先告知客人，与客人协商解决。

一、更改预订处理

（一）接收客人信息

第一，询问要求更改预订的客人姓名及原始到达日期和离店日期。

第二，询问客人现要更改日期。

(二)确认

第一，将原始订单找出。

第二，在确认新的日期前，先要查询客房出租和预订情况。

第三，在有空房情况下，可为客人确认预订更改，填写预订单并修改电脑资料。

第四，更改预订记录，更改预订代理人的姓名及联系电话。

(三)存档

第一，将更改后的订单与原始订单订在一起。

第二，按日期、客人姓名存档。

(四)未确认预订的处理

第一，如在客人更改的日期内，饭店客房已订满的，应及时向客人解释。

第二，告知客人他的预订请求将暂时放在候补名单上。

第三，在饭店有空房时，应及时与客人联系。

(五)感谢客人

感谢客人，并告知客人预订房间的最后保留时限。

(六)通知

将更改预订信息通知有关部门。具体流程如下图所示。

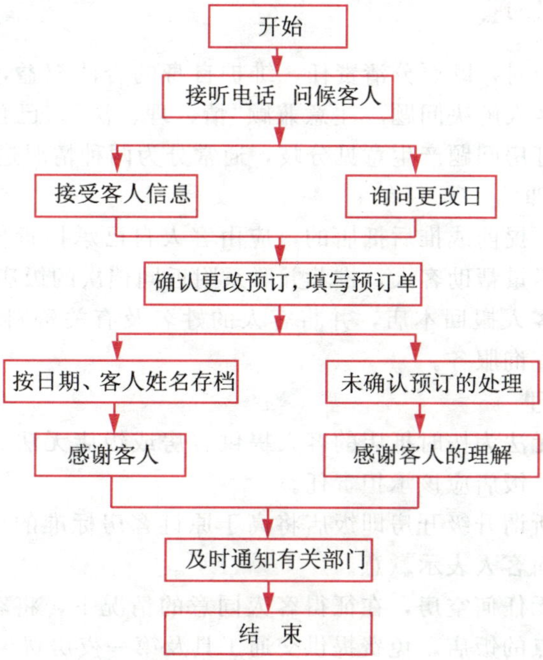

二、取消预订服务

第一，在预订单上盖上“canceled”的印章，并在备注栏内注明取消日期、原因、取消办理人，在计算机上或者预订控制表上将其注销。

第二，如客人在原定住店起始日未到，应由总台接待员与预订的单位或个人取得联系，问清是否取消订单，如果取消订单则通知预订员及相关部门，如果不取消，则要根据实际情况予以更改，必要时为客人保留房间。

第三，为了防止因客人临时取消预订给饭店造成损失，饭店可以根据实际情况要求预订客人支付一定数额的订金，尤其是团队客人，预付订金是较好的办法。

三、客房预订纠纷处理

(一)订房纠纷产生的原因

引起订房纠纷一般有如下原因：

第一，由于客房状态显示不正确或预订处与接待处沟通不畅，而未能掌握正确的可售房的数量。

第二，预订员对销售政策不熟悉，未通知客人留房的截止时间。

第三，预订员在记录、储存预订资料时出现日期、姓名拼写等差错。

第四，实施超额预订时，考虑的因素不全面，导致超额预订数过高。

第五，客人声称已办了订房手续，但却没有订房记录。

第六，在价格和饭店有关规定上，双方意见不一致。

(二)订房纠纷的处理

饭店在处理订房纠纷时，既要分清责任，维护自身的合法权益，又要耐心、诚恳，设身处地为客人着想，帮助客人解决问题。注意兼顾“情、理、法”。已预订的客人抵店时，饭店无法提供客房，双方就订房问题产生意见分歧，通常分为两种情况进行处理。

1. 属客人责任的处理

客人未能按时抵店，提前或推后抵店的，应由客人自己承担责任。饭店在客满无法为其提供客房的情况下，应尽量帮助客人，推荐并联系附近同档次的饭店，并为其安排交通工具，若次日有空房，应欢迎客人搬回本店，并将客人的姓名及有关资料通知电话总机和问询处，以便为客人提供邮件、查询服务。

2. 属饭店责任的处理

饭店因超额预订而无法为按时抵店的客人提供客房或饭店无法为持确认类或保证类预订证明的客人提供客房时，饭店应该承担责任。

第一，升级开房，所谓升级开房即饭店将高于原订客房标准的房间提供给客人，房价按原订客房标准收取，并向客人表示歉意。

第二，如果饭店确无任何空房，在征得客人同意的情况下，将客人安排到其他同等级的饭店，甚至档次稍高一点的饭店，免费提供交通工具及第一夜房费。

第三，免费提供一两次长短途电话费或传真费，以便客人将住处改变的信息通知有关方面。

第四，将客人的有关信息通知电话总机及问询处，以便为客人提供邮件、查询服务。

第五，对于被安排于其他饭店的客人若次日有空房，在征得客人同意后，做好客人搬回本饭店的接待工作。

第六，向提供帮助的饭店表示感谢。

案例与思考

转怒为喜的客人

预订处接到一个美国团队住宿的预订，确定了客房类型后，饭店将客人安排在11层。由于预订员小王的工作疏忽，录入错误，与此同时，预订处接到一位来自台湾的刘先生的预订来电。刘先生是饭店的常客，服务员便把11层1185客房许诺给了这位台湾客人。

台湾刘先生如期来到饭店，当得知因为美国客人使自己不能如愿入住时，表现出了极大的不满。无论总台怎么解释和赔礼，这位台湾客人仍然不同意调房。

大堂副理向刘先生再三致歉，并道出了事情的经过和对失职服务员的处罚，并转告了饭店总经理的态度：一定要使刘先生这样的饭店常客最终满意。

大堂副理想，刘先生既然没有提出换一家饭店住宿，就表明对我们饭店仍抱有好感，于是对刘先生说："住11楼比较困难，因为要涉及另一批客人，会产生新的矛盾，请刘先生谅解"。"出于对饭店工作的理解，我同意换楼层，但房型和陈设、布置各方面要与1185客房一样。"刘先生做出了让步。

"14楼有一间客房与1185客房完全一样"。大堂副理说："事先已为先生准备好了。"

"14楼，多么不吉利。"刘先生脸上多云转阴。

"那么先生住9楼该不会有所禁忌了吧?"大堂副理问道。

"您刚才不是说只有14楼有同样的客房吗?"刘先生疑惑地问。

"9楼有相同的客房，但其中的布置、家具可能不尽如刘先生之意。您来之前我们已经了解到刘先生酷爱保龄球，现在我陪先生玩上一会儿，在这段时间里，饭店会以最快的速度将您所满意的家具换到9楼客房。您看这样可以吗?"大堂副理说。

"不胜感激，我同意。"刘先生惊喜地说。

大堂副理拿出对讲机，通知有关部门："请以最快的速度将1408客房内可移动设施全部搬入908客房。"

饭店的这一举措，弥补了工作中的失误，赢得了刘先生的欢心。不仅挽回饭店的信誉，同时为了使"上帝"真正满意，饭店做出了令客人转怒为喜的服务。

思考：

从这个案例中，请总结预订员在接受电话预订时应注意什么问题。

小贴士

电话预订是较为普遍的预订方式，它的特点是速度快、方便，而且便于客人与饭店之间的沟通，使客人能够根据饭店客房的实际情况，及时调整其预订要求，订到满意的客房。但受语言障碍、电话的清晰度以及受话人的听力水平等的影响，电话订房容易出错。因此，预订员在接受电话预订时必须将客人的预订要求听清并认真记录，并在记录完毕后，向对方重述一遍，以得到客人的确认。在上个案例中，预订员在接受电话预订客房时疏忽大意，没有按照电话预订要求操作，致使客人抵店时不能顺利入住。作为饭店服务窗口和神经中枢的接待部门应该吸取的教训是：在接受电话预订时，对关键性的语句要逐字核实，不能有半点马虎。另外，当客人对饭店的解决方法不满意时，大堂副理采取了非常灵活的补救方式，直到客人满意为止，这也是值得学习的地方。

综合实训

材料一：更改预订

预订员：您好，国际饭店预订部。

客人：您好。上星期做的预订需要更改内容。

预订员：好的。请问您贵姓？原来抵店时间是什么时候？

客人：我姓王，王伟。准备6月2日到饭店。

预订员：好的，请稍等(找预订档案)。请问您需要更改的内容是什么？

客人：增加6个人。

预订人：好的，也就是再加三个标准间，是吗？

客人：对。

预订员：好的，请稍等，我看看有没有您需要的房间。我们可以做更改，增加3个房间。请问还有其他要求吗？

客人：没有了。

预订员：谢谢您能及时通知我们。王先生，您原来预订了3个标准客房，现在又增加3个同样的客房，房价不变，到店时间仍然是6月2日。您用支票付款，对吗？

客人：是的。

预订员：由于您订的房间比较多，为了确保您的客人到店都有房间，我们建议您使用保证类预订，如果你决定使用保证类预订我一会儿将给您发一份书面确认函，请您签字后马上回传给我们，您看可以吗？

客人：可以。

预订员：谢谢您的支持，期待您的光临。再见。

客人：再见。

材料二：取消预订

预订员：您好，国际饭店预订部。

客人：您好，我于上星期五预订的房间现在要取消。

预订员：好的。能告诉我预订的抵店日期、离店日期，还有住店客人姓名吗？

客人：原订8月1日到店，预住3天，客人姓名是刘华。

预订员：好的，请您稍等。让您久等了。请问怎么称呼您，还有您的电话号码。

客人：李刚，86866340。

预订员：谢谢。您是否需要做下一阶段的预订？

客人：暂时不用。

预订员：好的。李刚先生，您为客人刘华取消了在我们饭店预订的8月1日到8月3日的标准间，不再需要预订其他客房。

客人：是。

预订员：谢谢您能及时通知我们，再见。

客人：再见。

材料一、材料二给你有哪些启示？

项目五 PROJECT 5 前厅销售管理

客房收入是饭店收入的主要来源，而房价不仅是影响饭店经营收入的主要变量，也是影响消费者购买饭店产品的主要因素。客房价格管理直接影响饭店在市场中的竞争力，并对饭店的整体经济效应产生重大影响。因此，制定合理、科学的房价，既能使消费者满意，又能实现饭店的盈利目标，是饭店经营管理中的一项关键决策。

前厅部的首要功能就是销售客房及饭店其他产品，其销售特点表现为在饭店特定的工作范围内，通过员工礼貌、高效、周到的服务来促成或实现销售。前厅部的每位员工都是销售员，都应利用自身的优势条件，熟悉和掌握工作范围内的销售要求、程序和技巧，适时、成功地进行销售，以实现饭店利润的最大化。

前厅销售工作的好坏在很大程度上依赖于有效的房态控制与管理。正确房态的显示，能够确保前厅掌握准确的可出租房信息，保证客房的销售和分配。前厅部的员工应熟悉房价的基本构成和客房定价的方法，掌握房价的种类，严格执行饭店的房价政策。

任务一 MISSION 1 房态管理与客房销售预测

任务描述

准确地掌握和管理房态是进行客房销售的首要条件，不仅可以提高客房利用率，增加饭店利润，也能够更好地为客人提供周到的服务，提升前厅接待服务质量水平。通过本节的学习，使学生掌握房态管理的内涵以及预测客房销售的要素。

一、房态管理

客房是饭店综合服务产品的核心部分，客房的状态如何，即能否成功地对房态(room status)进行控制与管理，对于客房产品的销售会产生直接的影响。准确掌握客房状态，是做好客房销售工作以及提高客房销售水平与饭店利润的前提。

(一)客房的基本状态

1. 住房状态(Occupied)

指客房处于入住状态，客人尚未离店，简称“OCC”房。

2. 维修状态(Out-of-Order)

指客房设施出了问题，需要维修的客房，简称“OOO”房。

3. 待出租状态(Vacant Clean)

指客房已经清洁完毕，一切准备就绪，随时可供出租使用，简称“VC”房。

4. 正在转换状态(On-Change)

指客人已退房离店，客房正在或即将打扫，一切就绪后可出租，简称“O/C”房。

5. 锁房状态(Blocked)

指某个房间已为某位客人保留一个时期，不能出租给其他客人。这是一种由内部掌握的客房状况。

6. 预退房状态(Estimated Check Out)

指住客今日 12：00 之前就会退房离店，简称“ECO”房。

想一想

哪些房态的房间是可以出售的？哪些不能？

(二)客房差异状态

前厅部记录显示的客房状态同客房部查房结果不相符合的情况叫做客房状态差异。前厅部应着重监控几种特殊房态，以免造成饭店的损失以及客人的安全隐患。

1. 外宿房(sleep out)

客人在外过夜，前厅服务员应在电脑上对该客房做外宿标记，同时将此信息通知大堂副理。

2. 请勿打扰房(DND)

如果客房外的“请勿打扰灯”呈亮起状态，或者门把上悬挂“请勿打扰”牌时，说明客人不希望被打扰，这时服务员就不能进入客房房间。但有时“请勿打扰”房内的客人已经退房，实属走客房，这时，前厅或客房服务员应对这类客房予以关注，打电话与客人联系，以弄清情况，进房间打扫或检查。

3. 双锁房(Double locked)

有时，客人为了不受干扰，会在房间内上锁，服务人员用万能钥匙也无法开启。饭店对于双锁房要加强监控，以免客人长时间在客房内发生意外无人救助。

4. 逃账房(Skippers)

前厅部显示为住客房，而客房部查房报告则显示为空房。客人很可能因为监控的漏洞，未结账而离店，造成饭店的经济损失。

5. 沉睡房(Sleepers)

前厅部显示为走客房或空房，而客房部却发现房内有人。前厅部和客房部应及时沟通信息，对于此类客房重点关注，以免客人在房内发生不测或进行非法行为。

想一想

面对这些特殊房态，饭店应该采取哪些措施？

(三)客房状态的控制

1. 检查与核对

(1)检查核对客房的预订情况，包括预订的复核确认情况，客人的航班情况，预订变更及取消情况，预订不到情况的预测等。

(2)检查核对预期离店时客房的情况。无变动的预期离店情况，延期离店情况，提前离店情况。

(3)检查核对可出租房。可出租房的整体情况，复核可出租房房态。

(4)检查核对次日必须首先保证的客房情况。贵宾房，团队房，饭店方违约的客人次日入住房间，保证客人预订的房间。

2. 客房状况的转换

(1)客人入住与退房。由于客人的入住与退房，产生客房状况的转换。

(2)离店日期的变更或延迟退房的处理。客人因事需提前或延迟退房，接待员应及时与预订处、收银处等取得联系，填写及传送有关通知单。

(3)换房处理。应首先弄清(或向客人解释)换房原因；再向客人介绍准备调换的客房情况，并确定换房的具体时间；填写《客房、房租变更通知单》，并送往有关部门，经部门主管签字确认换房信息已经收到；更改客房状况，并将换房信息记录在客史档案上。

二、客房销售预测

一般而言，为了保障可持续盈利，饭店会依据历史数据，结合具体情况对下一年度的客房销售情况作出预测。客房年度销售预测就是指对预期的年度客房销售作营业收入计划分析的过程，其结果是制定客房年度销售预算。

(一)预测资料

制作客房年度销售预算计划，要依据三个方面的信息：

第一，饭店总经理下达的年度客房销售的各项指标。

第二，近两年以来客房实际营业状况统计资料。

第三，预期的年度客房预计统计资料。

(二)预测步骤

第一，根据统计资料提供数据，分析并权衡出租率，以及平均房价与各项客房年度销售指标之间的关系。

第二，商定客房出租率和平均房价的浮动百分比。

第三，计算年度客房出租间天数(亦称间/夜数)。

第四，根据季节差别和饭店的接待能力，科学、合理地将客房销售预计达到的平均房价、出租率、空房天数及客房营业总收入按月分解并单列。

第五，填制客房年度销售预算表并报饭店总经理审核。

（三）平均房价与房价预算

1. 平均房价可行性分析及计算

在客房年度销售预测过程中，对平均房价进行可行性分析是一个关键步骤。因为不同客源的价格存在差异。首先根据饭店具体情况列出主要客源种类，并分别进行统计。采用这种因素分析法便于比较分析，然后进行计算。计算的方法为：可以先根据团队客人的客房预订间天数及合同价格进行计算，求出接待各类团队客源的预计收入，然后，再依据团队、散客预订用房所占比例推算出散客平均房价及相应天数。其他客源类型的计算方法以此类推。

2. 填制房价预算表

房价预算表能够为经营者和管理者实现客房年度销售计划、进行日常销售控制及检查提供必不可少的依据。

案例与思考

粗心大意的实习生

某饭店前台有旅游外事职业学校的实习生甲在值班台服务。一位客人电话预订了一个套房，这位实习生将套房安排在四层409房间。实习生下班后将预订情况转交给下一班的实习生乙。晚上客人到店，接班实习生乙没有检查上班实习生安排的房号，就匆忙通知了楼层值班员。当客人来到409房间时发现这不是套房而是标准间后，大为不满，要求换房。但是前台查询后说套房已全部租出，没有办法调整，只好答应一有套房就给予调换。

事后，前台主管了解到是因为每层09号房间均是套房，唯独四层的09号房间是标准间。而实习生对楼层的情况只是大致了解，结果按一般规律办理，错把标准间当作套房出租给了客人。

思考：

此事表面看是由于实习生甲粗心大意造成的。实质上是由于实习生甲对于自己提供的服务没有进行细致的了解。如果你是实习生甲，你该如何避免此类问题的发生？

综合实训

请同学们熟练掌握房态，并以小测验的形式进行考核。

任务二　客房价格制定与控制

MISSION2

任务描述

房价的合理制定与有效控制，有利于前厅更好地进行客房销售，使员工有意识的并积极主动地进行对客销售，提高饭店入住率及销售利润。通过本节的学习，使学生了解客房价格的制定原则及影响因素。

一、房价的构成及计价方式

(一)房价的构成

一般而言，客房的价格是由客房的成本和利润构成的，而具体来说，由于面积、设施设备、房间位置、室内视野等因素的不同客房会被划分为不同的档次，其价格自然不同。因此，饭店需要对客房分级，制定不同的价格，以吸引对客房有不同需求、对房价有不同敏感度的客人。

为了吸引客源，提高饭店的入住率，可以把饭店内价格最低的房间定价稍低于同类竞争者，而同时又有高于竞争对手的最高房价，这样就可以使饭店在竞争中处于有利地位。

(二)计价方式

目前，国际上通用的计价方式主要有以下5种：

1. 欧洲式(European Plan，简称“EP”)

只包括房费，而不包含任何餐费的收费方式，为世界上大多数饭店采用。

2. 美国式(American Plan，简称“AP”)

包括房费和一日三餐的费用，因此，又被称为“全费用计价方式”，多为远离城市的度假性饭店或团队客人所采用。

3. 修正美式(Modified American Plan，简称“MAP”)

包括房费和早餐，除此而外，还包括一顿午餐或晚餐(二者任选一个)的费用。这种收费方式较适合于普通旅游的客人。

4. 欧陆式(Continental Plan，简称“CP”)

包括房费及欧陆式早餐(Continental Breakfast)。欧陆式早餐主要包括冷冻果汁、烤面包、咖啡或茶等。

5. 百慕大式(Bermuda Plan，简称“BP”)

包括房费及美式早餐(American Breakfast)。美式早餐除了包含有欧陆式早餐的内容以外，通常还包括鸡蛋、火腿、香肠、咸肉等。

想一想

目前我们国内大部分饭店采用的是哪一种计划方式?

二、房价的种类

第一，标准价。门市价、公开房价，一般需另外加收服务费。

第二，优惠房价。指饭店在门市价的基础上给予客人一定比例的折扣或优惠。

第三，免费房价。指为推动饭店业务活动，与客户建立良好关系而制定的，在互惠互利的前提下免收客人的房费。

第四，追加房价。根据客人的实际情况另外加收房费。

第五，其他房价。

(1)团体价(Group rate)。团体价是饭店为团体客人提供的折扣价格，其目的在于吸引大批客人，从而大量地售出客房。

(2)家庭价(Family plan rate)。此房价是饭店为携带孩子的父母提供的一种折扣价格，以刺激其他消费。

(3)淡季价(Low season rate)。是饭店在营业淡季为吸引客人住店而采用的一种价格，一般是在标准价的基础上下浮一定的百分比。

(4)旺季价(High season rate)。是饭店在营业旺季为最大限度地增加客房的经济收入而采用的一种价格，一般是在标准价的基础上上浮一定的百分比。

(5)优惠价(Commercial rate)。是指饭店与输送客源的单位签订合约，按合约规定给来自签约单位的客人以优惠价格，以求双方的长期合作。

(6)小包价(Package plan rate)。此价格是饭店向客人提供的一篮子报价，通常包括房费、餐费、其他服务项目的总和，以方便客人作预算。

(7)折扣价(Discount rate)。是饭店向常客(regular guest)或长住客(long－staying guest)或有特殊身份的客人提供的一种优惠价格。

(8)合同价(Contract rate)。此房价是类似于优惠价、团体价的一种房价。

(9)白天租用价(Day rate)。饭店的白天租用价通常是按照客人所住客房的半价计费，也有个别饭店按小时计费。按白天租用价收费一般有下列三种情况：①凌晨抵店入住。②退房离店超过了规定的时间。③入住与离店发生在同一天。

(10)加床费(Rate for extra bed)。此价格是在客房内加床时的收费标准，可根据客房种类，床具种类和住宿天数而定。

三、制定房价的方法

产品的成本、市场需求的容量及特点、竞争对手的定价状况是影响客房定价的三个主要因素，因此，常见的饭店客房定价方法有成本导向定价法、需求导向定价法、竞争导向定价法。

(一)成本导向定价

1. 建造成本法

亦称千分之一法。建造一座饭店的总成本包括两个部分，一是指建材、设备、用具等的费用，另一个就是指建造饭店所耗用的时间、技术、人工等，这二者之和构成总成本。根据建造成本定价法，用总成本除以客房总间数，得出每间客房所占的建造成本，再除以1000，即得出这个房间的房价。例如，一座新建饭店拥有500间客房，总造价为5000万元，按照建造成本定价法计算房价：每间客房房价＝50000000÷500÷1000＝100元。这种定价方法只考虑了客房的成本因素，而没有考虑客房与餐饮、娱乐等其他各种设施设备投资比例的差异以及供求关系、市场竞争等相关因素，因而缺乏科学性和合理性。

2. 成本核算定价法

亦称赫伯特定价法，由美国饭店兼汽车旅馆协会主席罗伊·赫伯特于20世纪50年代首创。这种定价方法以目标收益率为定价的出发点，在已确定的计划期内各项成本费用及饭店利润指标的前提下，通过计算客房部应承担的营业收入指标，最终确定房价。

(二)需求导向定价①

1. 分级分等定价法

无论千分之一法还是赫伯特公式定价法都存在一个问题：即它们只能求出饭店客房的平均价格。然而饭店在实际经营中，并不只是按照平均房价标准统一收费，而是根据客房类型、房间家具摆设、附属设施、入住人数等因素制定一个合理的房价结构，采用所谓分级分等定价法，平均房价的计算仅是其中定价过程的第一步。根据一般规律，房价的分布状况和统计学中的钟形正态分布差不多。让我们来看一个具体的例子。假定某饭店的年平均开房率为72.2%，客房总数为60间，利用赫伯特公式法得到平均房价为35元，则每晚的平均目标收入即为1515.5元(60×35×72.2%＝1515.5)。该饭店的开房情况如表5-1所示：

表5-1 客房结构状况表

客房类型	房数	预计开房率	平均出租数	加权数
单人间(一人住)	20	68%	13.6	1.0
双人间(一人住)	30	20%	6.0	1.4
双人间(两人住)	30	60%	18.0	1.8
豪华间(一人住)	10	9%	0.9	1.8
豪华间(两人住)	10	48%	4.8	2.4
总计	60		43.3	
平均值		72.2%		

注：双人间总数为30间，豪华间总数为10间，表中记录为计算方便，客房总数不变。

① http://guanli.veryeast.cn/guanli/43/2005-5/26/20055261132.htm，整理自最佳东方网站

为了对每类客房制定合理的租价，我们须首先针对客房类型作“权重”处理，使每类客房能够依据各自的权数合理地分担客房部每晚营业收入的预计值，实现各自的价值。饭店经营者对权数的取值判断各不相同，但大多数人似乎都赞成单人入住双人房的收费应高于入住单人间的房价(因为他拥有更多的空间)但低于标准间房价，标准间房价应低于两个单间价格之和(因为所提供之服务并没有耗费两倍的成本)，因此这里所建议的权数通常都在大家可接受的范围内。经过计算后得到的各类型客房的理论房价、商业可行价及目标收入列于表 5-2。

表 5-2 客房理论房价、商业房价与目标收入

类型	房数(间)	平均开房率	平均开房数	权数	复合加权数	贡献收入	理论房价	商业房价	目标收入
单人间	20	68.0%	13.6	1.0	13.6	305.3	22.5	22.5	306.0
双人间(一)	30	20.0%	6.0	1.4	8.4	188.6	31.4	31.0	186.0
双人间(二)	30	60.0%	18.0	1.8	32.4	727.4	40.4	40.5	729.0
豪华间(一)	10	9.0%	0.9	1.8	1.6	35.9	39.9	40.0	36.5
豪华间(二)	10	48.0%	4.8	2.4	11.5	258.2	53.8	54.0	259.2
总计	60				67.5				1516.8
平均值		72.2%							

表 5-2，每晚开房数和加权数的乘积产生了复合加权数，既反映了各类客房预期开房情况又反映各类客房的“价值”。利用该加权数占总权数之比例，就能计算出每晚各类客房对目标收入所作的贡献，然后除以各类平均开房数，得到理论房价。以单人间为例：

单人间每晚目标收入＝每晚平均目标收入×(13.6/67.5)＝1515.5×(13.6/67.5)＝305.3(元)

理论房价＝目标收入/平均开房数＝305.3/13.6＝22.5(元)

经过调整，将理论房价整理为商业可行价，其他类型的计算依此类推。最后我们有必要检查各客房得出的收入值汇总是否与原定目标收入相近。如果二者相差不多，则影响不大，因为大多数原始数值仅是估计值而已。

饭店可将上述计算表格存入电脑，反复使用。例如，在改变预期目标收入或发现房价结构不合理时，只需调用该表，根据原加权数或新加权数进行修订工作，即可完成房价的重新核算工作。

2. 季节性差别房价

平均房价没有涉及的另一个问题就是季节性问题。旅游活动受季节的影响较大，几乎所有饭店都会碰到开房率波动的问题，度假型饭店尤其如此。为了解决客流量变化较大的矛盾，饭店通常利用客房差价调节供求关系，即在淡季实行低价以吸引客源，旺季推出高价以获取最大利润。以某饭店为例，淡、旺季各类客房的预计开房率情况如表 5-3。

表 5-3　淡、旺季客房预计开房率

类型	房数	淡季	旺季	平均开房率
单人间	20	63.0%	73.0%	68.0%
双人间(一)	30	18.0%	22.0%	20.0%
双人间(二)	30	50.0%	70.0%	60.0%
豪华间(一)	10	6.0%	12.0%	9.0%
豪华间(二)	10	30.0%	66.0%	48.0%
总计	60			
平均值		61.0%	83.3%	72.2%

表 5-3 中假定季节只有淡、旺之分，且各持续 6 个月。以单人间为例，可计算出平均开房率。单人间的年平均开房率＝63%×6＋73%×6＝68%，若淡、旺季的时长与此不同，只需相应改变分子部分的月份长度数据。

如前所述，我们在确定季节性差价时需将客房类型因素纳入考虑范围之内，因为季节性因素对各类客房的影响是不尽相同的。例如，豪华间夏季的开房率是冬季的两倍，而单人间的开房率并无多大变化，这往往促使管理人员扩大豪华间的季节差价。为了计算简便，假定所有客房的旺季价比淡季价高 1/3，即季节加权数的分布为：淡季 3.0，旺季 4.0，客房类型加权数仍保持不变。淡、旺季房价计算结果如表 5-4。

表 5-4　淡、旺季房价

季节 类型	房数	预计 开房率	平均 开房数	类型 加权数	季节 加权数	复合 加权数	贡献 收入	房价	商业价	目标收入
淡季：										
单人间	20	63.0	12.6	1.0	3.0	37.8	236.3	18.8	19.0	239.4
双人(一)	30	18.0	5.4	1.4	3.0	22.7	141.9	26.3	26.5	143.1
双人(二)	30	70.0	21.0	1.8	4.0	151.2	945.1	45.0	45.0	945.0
豪华(一)	10	12.0	1.2	1.8	4.0	8.6	53.8	44.8	45.0	54.0
豪华(二)	10	30.0	3.0	2.4	3.0	21.6	135.0	45.0	45.0	135.0
旺季：										
单人间	20	73.0	14.6	1.0	4.0	58.4	365.0	25.0	25.0	365.0
双人(一)	30	22.0	6.6	1.4	4.0	37.0	231.3	35.0	35.0	231.0
双人(二)	30	70.0	21.0	1.8	4.0	151.2	945.1	45.0	45.0	945.0
豪华(一)	10	12.0	1.2	1.8	4.0	8.6	53.8	44.8	45.0	54.0
豪华(二)	10	66.0	6.6	2.4	4.0	63.4	396.3	60.0	60.0	396.0
总计	60						484.9			3038.6
平均值		72.2								1519.3

其计算过程及原理与分级分等法基本一致。值得注意的几点有：

第一，由于入住有淡、旺季节之分，房价也有淡、旺之分，但年平均开房率数据并不用于后面的计算。

第二，这里的复合加权数是每晚平均开房数、房类加权数、季节加权数三者的乘积，同时反映了预计开房率、客房“价值”及季节因素的影响。

第三，总加权数 484.9 为淡、旺季复合加权数之和，对任何一类客房而言，都包括了淡季、旺季各一天的权数情况，因此它对应的总目标收入应为两天的目标收入之和，即：1515.5×2＝3031(元)，然后分配各类客房的销售指标。

第四，由于淡、旺季房价只持续半年，因此需将总目标收入 3038.6 除以 2，才得到下半年度客房部每晚平均目标收入。

第五，实际计算后，每种类型的客房淡、旺季价格的比例与原定季节加权数比例基本一致。如：单人间淡季价 18.8 元，旺季价格 25.0 元，(25.0/18.8≈4/3)。这正是我们所希望获得的结果。

在实际情况中，饭店淡、旺季时常要受所在地自然气候及人们的生活、传统习惯等因素的影响，并不像本例中那样各为半年，所以计算结果不够精确。建议各饭店在计算季节差价时，以年收入而不是每晚收入为目标值，然后用实施淡季或旺季价期间实际天数乘以合适的平均房价，汇总即得年目标收入。由于计算繁多，在此不作分析，但计算方法类似。

(三)竞争导向定价法

1. 随行就市定价

以同一地区、同档次竞争对手的客房价格作为定价的依据，从而确定饭店客房价格。

2. 边际效益定价

边际价格定价尤其适用于周末优惠价、临时会议等辅助性业务，其目的是创造一些额外的营业量。商务饭店周末的住客较少，需要适当降价以吸引周末客源。以某饭店为例，假设其平日普通房价为 40 元。众所周知，饭店多出租一间客房所耗费的成本费用中变动成本所占的比例极小(即使包括直接人工费用)，在此假定其比例为 25%，即变动成本为 10 元，正常的边际贡献为 30 元(40－10＝30)。那么我们只要将周末房价定在 10 元以上，就可以为固定成本作一定的贡献，尽管数额可大可小，但总比客房闲置好，这也为灵活定价，开拓全新市场提供了可能性。

一般说来，边际价格的定价策略并不能保证收回全部成本，因此它只能作为辅助手段，与其他方式的成本加成定价法连用。该策略对以下情况十分有利。①设备闲置的饭店。②需求量上下波动明显、一时难以统一定价的饭店。③一次性报价的饭店。

饭店制定的房价，要依据客房的销售状况，有时要采取限制房价的措施，以提高实际的平均房价，因为实际平均房价的高低将直接影响饭店的经济收益。除了对房价限制外，还有对团体房价限制也是前厅部工作人员控制房价的有效途径。另外，饭店制定的房价在实际操作过程中，如果遇到市场环境变化，也应做出相应的价格调整。

四、影响房价的因素

饭店制定房价时，要受到很多因素的影响。我们把影响房价的因素分为两大类：一类是外部影响因素；另一类是内部影响因素。

(一)外部影响因素

1. 社会大环境的影响

社会大环境包括政治、经济、社会稳定程度等因素。因为旅游经济具有脆弱性，其产品具有不稳定性和波动性。一个稳定繁荣的社会政治及经济环境对以旅游经济为其重要收入来源的饭店来讲是至关重要的。因此，在客房价格的制定过程中，房价会受到此类因素的影响。

2. 季节性影响

季节性强是饭店业的一大特点。季节的不同直接影响饭店经营的好坏。旺季时，饭店的房价会随之走高；淡季时，饭店则会调低房价以刺激市场的需要。因此，饭店房价的季节性变化十分明显。

3. 供需关系的影响

当供过于求时，饭店业不得不考虑降低价格；当供不应求时，饭店业要考虑适当提高价格。客房及商品的价格随供求关系的变化而调整。

4. 竞争对手价格影响

竞争对手的价格是饭店制订房价时的重要参考依据。在定价过程中，定价人首先要调查本地区同等级、同档次、具有同等竞争力的饭店的房价，做到"知己知彼"。

5. 行业组织的价格约束

客房房价还要受本地区政府主管部门以及行业协会组织等对饭店价格政策的约束，例如某地区对所在地区饭店客房价格的最高上限等。

6. 客人消费心理认同

客人的消费心理也是进行客房价格定价时应予以重点考虑的因素，尤其是客人对某一种商品价格能够接受的上限和下限应被加以重视。

(二)内部影响因素

1. 定价目标

定价目标是指导饭店进行客房定价的首要因素。这是饭店确定经营方针的重要依据。

2. 饭店地理位置

地理位置对于饭店经营的确非常重要。位于市中心区、繁华商业区、距离机场、火车站比较近、交通便利的饭店，其房价的制定或调整的条件就会有利一些。而位于市郊、远离繁华商业区、交通条件等地理位置较差的饭店，虽然地价便宜，经营成本低，但由于其对客人的吸引力差，因此房价会相应的低一些，以此提高饭店的竞争力。

3. 经营成本及建筑成本回收

这是影响客房价格水平的基本因素。比如建筑成本回收期的长短，以及目标利润率的高低，都会对房价的制定产生影响。在进行客房定价时，必须考虑成本。

4. 饭店服务质量

在定价过程中，除考虑饭店硬件设施设备的档次以外，还必须要考虑服务质量水平。

练一练

意大利美食香飘四溢推介

请选择总机话务员的做法。

1. 销售部已经下班，请明天致电销售部。

2. 向客户详细介绍“美食周”情况，要点如下。

(1)适宜于商务宴请或亲友聚餐。

(2)特邀来自意大利的Sabino大厨。

(3)本次意大利美食周丰盛的菜单如下。

开胃菜有意式海鲜沙拉。

汤有意大利蔬菜汤。

面食有海鲜拿破仑式意粉等。

主菜有意式海鲈鱼配土豆茭瓜、香煎羊排和腌银雪鱼等。

时间：12月16日～22日。

价格：256＋15％元每位。

你赞成哪种做法？为什么？

案例与思考

销售意识的重要性

这一年圣诞节前午夜时分，南京古南都饭店总机当班的小李，接到某外资公司一位客人的电话，询问圣诞活动预定事宜，并说曾打电话给另一家饭店，因该店总机接线员告之订票处已经下班，于是便打电话到古南都询问。

小李接到客人的电话，尽管此事并非她直接的工作范围，但是脑海中立即意识到这事关乎饭店形象，做好咨询服务是自己应尽的责任和义务，处理得当还能促进饭店的圣诞销售。小李是一个有心人，平时已将饭店的圣诞活动安排了解得一清二楚，于是她马上热情、细致地把有关情况向客人作了介绍。客人听后非常满意，并表示将他们公司平安夜活动定在古南都了，若中了奖就送给小李。第二天，他们果然来饭店买了160张欢度“圣诞平安夜”的套票。

思考：

你认为应该怎样培养和提高前厅部员工的销售意识？

综合实训

请同学们实地考察本地几家饭店的定价情况，并作比较分析，了解其市场竞争状态，最终做出市场调研报告。

任务三 MISSION3 客房销售程序与技巧

任务描述

客房销售程序及技巧是前厅部员工应具备的素质和工作要求，遵循饭店既定的销售程序，同时依据不同客人的需求特点灵活采用销售技巧，不仅有利于提高饭店的销售额，也有利于培养忠诚顾客，从而实现饭店的可持续赢利。通过本任务的学习，使学生理解并熟练掌握客房销售程序及技巧。

一、客房销售程序

前台员工不仅需要为客人提供各种接待和问询服务，还要负责在工作中扮演销售人员的角色。由于岗位位于一线，前台员工经常有机会向客人推销饭店的产品。因此，饭店要培训前台员工的销售技巧特别是向上推销(称之为“upsell”)技巧，以此提升饭店收入。上销是订房部和前台劝说客人消费标准房房价之上的高档客房，饭店通常基于一些因素诸如房间装潢、面积大小、房间位置、房间视野、室内摆设等差异在价格上划分级别。

前台员工和订房部员工不能仅仅是简单的下单员，而应是专业的销售人员。他们可以像餐厅的侍应生一样向客人推销额外的食物，如开胃菜，甜品等，他们可以以同样的方式来上销客房。前台员工应该学习如何向客人推销客房、如何让客人选择客房等有效技巧，这些技巧包括知道怎样和何时在没有压力的方式下向客人推销、从客人的观点和表达的意愿中指引销售。

提供各类客房以供客人选择是销售的一个关键部分。一些饭店把向客人提供不止一种的客房以供选择和向客人陈述他们喜爱的房间作为惯例。为了让客人满意地接受客房，前台员工必须知道如何以积极的态度描述饭店的设施和服务。

客人们可能会在他能接受或喜爱的客房类型上提供几种线索，一些资料可能在订房记录或客史资料中已经记录。前台员工应该重点描述客房的自然特征、优惠条件、方便的设施等关乎客房价值的信息，有时，为了使客人有更加直观的感受，前厅部员工还会带客人去参观客房，以加深客人的印象，促使其作出购买决定。

前台员工在客人选择客房后，一般要求客人填写登记表格，当客人正在填写登记表的时候，前台员工可以通过介绍客房的特殊特征强化客人的选择。当登记进入尾声的时候，前台员工应该告诉客人关于饭店的营业场所，服务和其他设施等信息。大多数客人欣赏这种做法。

在客人离开前台前，前台员工应该感谢客人选择饭店和并祝客人入住愉快。有些饭店规定在客人登记完进房后不久，前台员工要致电客人，询问客人对房间的满意程度。

向散客上销经常是饭店创收的最好良机。有时候，只剩下最贵的房间，一个好的上销结果是创收，让客人信服昂贵的房租是值得的。对于那些成功地上销客房的订房部和前台部员工提供奖励的机制在饭店内是常见的。

一般而言，客房的销售程序可分为以下几个步骤。

(一)把握客房的特点

前台员工应根据客房及客人的特点，灵活地运用销售技巧进行销售。不同类型客人的消费心理、消费行为也各不相同，如商务客人、旅游者、家庭、80后等客人群体对于房间和饭店服务的要求具有各自的特点。针对这些特点，前台员工根据他们特点销售适合的、物有所值的客房及服务项目，以有的放矢，投其所好。

(二)介绍产品

前台员工在把握了客人的特点之后，应适时地向客人介绍饭店的客房及其他产品。对于初次到店的客人，应尽可能地向客人介绍客房的优点及独特之处，如房型、位置、室内装潢、房间视野等，并强调这些优点为客人带来的利益和价值。而对于常客，前台员工应抓住时机向其推荐饭店新增的、且适合他们的产品。

(三)协商价格

价格是客人最为关注的因素之一。前台员工在销售客房时，不能单纯强调价格，而要强调其为客人带来的价值，但在这个过程中，应充分尊重客人的意愿，避免硬性推销。

(四)达成意愿，尽快安排

一旦客人作出选择，应对客人的选择表示赞赏，并以最快的速度为客人服务——“我马上为你安排房间，相信您一定会非常满意的!”

全员促销是饭店成功销售产品的重要手段。全店所有员工都有推销产品的可能和职责，但机会大小不一。一般说来，总台接待员、餐厅点菜员和歌舞厅、商场、酒吧、咖啡厅等一线部门的服务员有更多的机会。各饭店应像这个饭店的总经理那样经常向员工灌输促销意识。然而，光有意识是远远不够的。如果一线服务员为了尽可能多地推销饭店产品，显得迫不及待或硬缠死磨，可能弄巧成拙，到手的生意也会跑掉，因此各饭店还应在部门内加强促销技巧的培训。

饭店所倡导的全员营销意识就是要让每一名员工懂得，自己工作的好坏直接关系到饭店的形象、声誉，人人做好自己的本职工作就是在帮助促销饭店产品，并在此基础上有意识地针对顾客需求，推销饭店的产品和服务，通过顾客满意来实现最佳的销售效果。

顾客在饭店消费前和消费过程中，往往不是很了解饭店的产品，这也就是常见的信息不对称现象。饭店员工应该提前了解饭店的及时信息，主动向顾客推荐介绍有关的产品和服务，礼貌地将选择权交给顾客，从而使饭店与顾客的信息不对称趋于对称，这才是真正意义上的“全员营销”。

销售的成功要素之一就是知己知彼，需要了解你的客人，更需要明确客人需要的是什么，所需要的客房有哪些特点，娴熟的技巧是建立在对产品了解的基础之上的。

二、客房销售的技巧

1. 注意销售礼仪

要以微笑迎接客人，无论是你的面容还是声音。同时，保持愉悦。记住你在销售饭店和相应服务的同时，也在推销自己；和客人保持眼神的接触；在对话中至少称呼客人三次。经常使用礼貌用语，如“先生”，“小姐”称呼客人，用客人的姓，不要直接称呼客人的名字；试图识别出客人的需要，因为这些需求可能在订房过程中没有被识别出来。结合客人的这些需要使提供的房间内的家具，致意品等符合客人的要求。例如，一位在饭店住 3～4 晚的客人可能比一位只住一晚的客人更愿意住一间面积大一点的房间或独立的房间。度蜜月或度假的客人可能更愿意住一间有着优美景色的客房。尽可能上销客房，首先报出房间的特征和优惠，提供一间升级的房间，然后告知房价。如果客人有订房，描述他们的房间和你所说的升级的房间之间的不同之处。散客是最好的上销机会。如果有两种不同类型的房间供选择的话，说出他们的特征，优惠和两种房间的价格。不要因为只说出高价钱的房间而失去顾客。

2. 把握客人特点，推荐所需要的产品

不同的客人具有不同的特点，如商务客、旅游者、知名人士、高薪阶层、老年客人、80 后客人等，他们对于客房及饭店的需求是各不相同的。因此，要首先了解“客人最需要的是什么？最关心的是什么？最感兴趣的是什么？”这一系列的问题，善于抓住客人的动机和需求，满足其物质与心理需求，做到投其所好，有的放矢。

3. 销售时要突出客房产品的价值，而非价格

一定要明确一个问题，那就是客人关注的是房间的价值，而不是单纯的价格，因此，在报价时切忌只报价格，而忽略介绍房间的优点和与众不同之处，否则很容易给客人造成空洞感。

4. 巧妙的报价方法

(1)冲击式报价法。即先报价格，给客人以冲击感和深刻的第一印象，这种报价方式适合于对价格较为敏感的客人。如“我们有每晚 168 元的单人间，经济实惠，设施也不错，您看这种房间怎么样？”

(2)三明治报价法。即将报价夹在中间。先为客人介绍客房的优点及价值，然后报价，最后再为客人提供一点利益追加，这种报价方式适合于注重客房性价比的客人。如“我们的普通套房都是朝向大海的，视野很好，房间里的家具用品也十分舒适齐全，很适合您一家人，价格也不过 580 元。给您安排在 12 楼怎么样？”

(3)鱼尾式报价法。即详细陈述客房的价值，最后再报价的方式。如“我们的豪华套间都是朝向大海的，视野很好，房间里的家具用品也十分舒适齐全，很适合您一家人，价格也不过 980 元。而且这种房间每天都有鲜花和水果赠送，还有免费的下午茶和鸡尾酒会，并随时为您提供熨衣和擦鞋服务，我觉得非常适合您。您看怎样?”很显然，这种报价方式适合于对价格敏感度不高，注重个性化、品质化的客人。

5. 推销时要给客人提供可比较的范围，请客人自己选择

绝大部分客人看重客房物有所值，但是缺乏对比，有时也会难以做出购买决策，因此，前厅销售人员在为客人推荐客房的时候不妨列举几个参照物，如其他饭店的同类客房(但忌诋毁竞争对手)，或者给出客人几个可供选择的客房种类，并强调推荐客房的价值，让客人充分的了解客房信息。

6. 推销要用正面介绍引导客人

推销忌讳的是强硬无弹性，因此要明确的是：我们是引导客人，而不是强迫，以免引起客人的反感，更不能以中伤其他饭店来抬高自己的位置。对客人作出的选择和决定要表示认同和赞许。

练一练

针对不同客人的推销

××饭店于 2008 年年底新装修，位于都市繁华地带，交通便利，距离机场仅 10 分钟车程。

饭店现有房型如下

790 元大床间：56 频道的电视、安静、宽带接口，洗浴设施、免费早餐。

1090 元套房：海景，宽敞客厅，背投电视，56 频道，宽带接口，免费双人早餐。

1599 元商务套房：商务楼层快捷登记、楼层高视野好、海景、42 英寸平板电视、电脑及宽带、免费早餐送至客房、鲜花，果篮、免费下午茶。

目前所有房型推出促销活动：加床费 100 元/张。

推销对象

客人 1：达飞公司总经理王先生。

客人 2：刚下飞机的留学生孙先生。

客人 3：游客张女士及丈夫、儿子。

案例与思考

打折的技巧

某日，一位香港常客来到某饭店前台要求入住。接待员小郑见是常客，便给他 9 折优惠。客人还是不满意，他要求饭店再给些折扣。这时正是旅游旺季，饭店客房的出租率甚高，小郑不愿意在黄金季节轻易给客人更多的让利，香港客人便提出要见经理。

其实，饭店授权给前台接待员的卖房折扣不止 9 折，小郑原可以把房价再下浮一点，但他没有马上答应客人。一是他不希望客人产生如下想法：饭店客房出租情况不妙，客人可以随便还价；二是他不希望给客人留下这样的印象：接待员原可以再多打一些折扣，但他不愿给，与客人一再坚持后他才无可奈何地退让，这会使客人认为大饭店员工处理问题不老实，他希望通过饭店再次让利让客人感到前厅经理对他的尊重。小郑脑中闪过这想法后，同意到后台找经理请示。他请香港客人先在沙发上休息片刻。

数分钟后，小郑满面春风地回到总台，对客人说："我向经理汇报了您的要求。他听说您是我店常客，尽管我们这几天出租率很高，但还是同意再给您 5 美元的优惠，并要我致意，感谢您多次光临我店。"小郑稍作停顿后又说："这是我们经理给常客的特殊价格，不知您觉得如何？"

香港客人计算一下，5 美元相当于半折，这样他实际得到的优惠折扣便是 8.5 折，这对于位于南京路，又处旅游旺季的三星级饭店来说，已经是给面子的了。客人连连点头，很快递上回乡证办理入住手续了。

思考：该打折技巧有效吗？为什么？

综合实训

请同学们分角色模拟前厅销售的程序，并灵活运用销售技巧。

项目六 PROJECT 6

前厅部综合业务管理

饭店的前厅是客人进入饭店的第一个接触点，又是离开饭店的最后接触点，前厅的职能是通过沟通和协调各部门，向客人提供恰到好处的优质服务。对于这样的综合服务部门来说，综合业务管理显得尤为重要。本章中，我们将系统地阐述前厅部成本管理、前厅部档案管理、前厅部服务质量管理、前厅部安全管理以及前厅部沟通协调的管理方法和技巧，使学生们掌握前厅部综合业务管理的服务技能和管理方法，更好地为客人提供优质服务，进而树立饭店良好的公共形象。

任务一 MISSION1 前厅部成本管理

任务描述

前厅成本主要是由客房成本和客房利润两部分构成的。成本包括建筑投资、客房设备、物资用品及各种原材料成本，也包括管理人员及服务人员工资，同时还包括保险费、贷款利息、修缮费用、土地使用费、经营管理费、营业税等项目，而客房利润包括税金和净利润。前厅部的成本管理即是对客房成本和利润这两个方面的管理。

一、前厅部成本管理原则

(一)客房价格构成

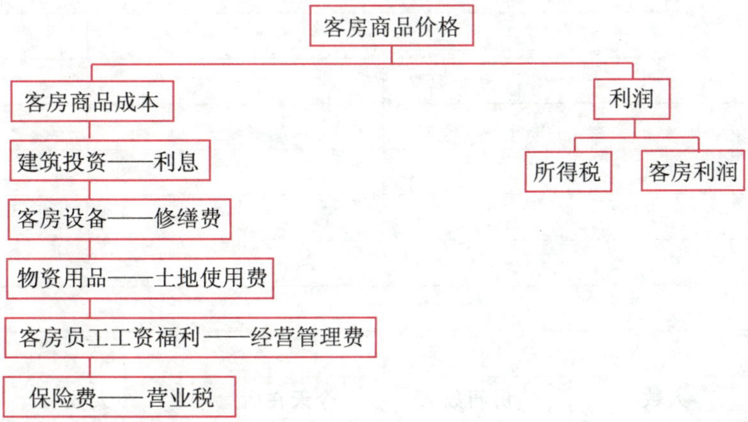

（二）客房定价原则

1. 追求利润最大化

追求利润的最大化是制定客房价格最基本的目标，只有适当的价格定位才能实现客房商品利润的最大化。

2. 提高市场占有率

饭店要提高市场占有率，就要增加客房销售量，还要提高其他设备的利用率，降低经营成本。

3. 提高竞争力

价格是竞争的有力手段，但具有竞争力的价格可以有不同形式：

——与竞争对手同价

——高于竞争对手价格

——低于竞争对手价格

4. 实现预期投资收益率

预期投资收益率是饭店经营成果最重要的指标之一，也是必须考虑的客房商品定价目标之一。

二、前厅部成本管理细则

（一）前厅统计分析报表

客房营业日报表

年　月　日

客房情况	当天	本月累计	去年同期
客房总数（间）			
饭店自用房（间）			
维修房（间）			
免费房（间）			
可出租客房（间）			
已出租客房（间）			
客房出租率（%）			
客房收入（元）			
平均房价（元）			

	人数	房间数	今天在店	人数	房数
预订			散客		

续表

预订未到			团队		
预订取消			长住客人		
按预订已到			VIP		
团队(间)					
未预订开房					
续住					
实际在店					

	人数	房间数	备注
原定今天离店			
延长时间			
提前离店			
今天实际离店			
明天预期离店			
明天预期抵店			
明天预期在店			
明天预计空房			

客房收入报表

房号	房间类型	男	女	房价	实际收入	备注	国籍
101	S						
102	S						
103	S						
104	T						
105	T						
106	T						
107	D						
108	D						
109	S						
110	T						

在店团队统计表

序号	团队编号	团队名称	到店日期	离店日期	用房数量	人数		转账款项	现收款项
						男	女		
1									
2									
3									
4									
合计									

客房销售预算表

项目/月份	间天数				平均房价(元)				出租率%				客房营业收入			
	2001年实际	2002年预计	2002年实际	2003年预计	2003年实际	2004年预计	2004年实际	2005年预计	2005年实际	2006年预计	006年实际	2007年预计	007年实际	2008年预计	2008年实际	2009年预计
1																
2																
3																
4																
5																
6																
7																
8																
9																
10																
11																
12																
合计																

(二)主要客房经营指标分析

1. 客房出租率

客房出租率是反映饭店经营状况的一项重要指标，是指饭店实际出租客房在可供出租客房总数中所占比例。

计算公式：

客房出租率＝实际出租房间数/可供出租客房总数×100%

客房出租率表明饭店客房的利用程度，是反映饭店经营管理水平和经济效益的一个重要指标。

保持理想客房出租率的方法是：维护和保养饭店及客房设备设施；提高和加强对员工的培训。

2. 客房销售效率

客房销售效率是实际客房销售收入占可供出租客房按牌价出租的销售额的百分比。

计算公式：

$$客房销售率=\frac{客房实际销售额}{全部客房牌价出租的总销售额}\times 100\%$$

综合实训

请同学们结合实际情况进行计算练习。

任务二　前厅部档案管理

任务描述

饭店可以说是一个微缩的社会。在这个微缩的社会里，所有光临的客人对饭店提供的服务有着基本相同的要求，同时客人不同的个性特点又决定了他们各自不同的个性化要求。饭店前厅部档案的建立就是对客人的个人情况、消费行为、信用状态以及特殊要求所做的一个历史记录。建立客人档案不仅是饭店用来促进销售的一项重要手段，而且是饭店改善经营管理和提高客人满意度的有效方法，对增强饭店的竞争力、做好客源市场的调查、扩大客源市场都具有重要的作用和意义。

一、相关报表制作基础

第一，常规档案(基本资料)。主要包括姓名、性别、年龄、国籍、民族、生活习惯、工作单位、职业、职务、婚姻状况、通信地址、电话号码、公司名称、头衔、住店原因、接待单位、证件号码与种类等。收集这些资料有助于了解目标市场的基本情况。

第二，预订档案。包括客人的订房方式、介绍人、订房的季节、月份和日期以及订房的类型等，掌握这些资料有助于饭店选择销售渠道，做好促销工作。

第三，住店记录。记录客人抵离店时间、用房种类、房价、信用情况、要求提供的特殊服务等、曾享受的优惠和折扣等。

第四，消费档案。包括报价类别、租用的房间、餐费以及在娱乐等其他项目上的消费情况，客人的信用、账号、喜欢的房间等，了解客人的消费水平、支付能力以及消费倾向等。

第五，习俗、爱好档案。这是客史档案中最重要的内容，包括客人旅行的目的、爱好、生活习惯、特殊爱好、宗教信仰及民族禁忌等。

第六，反馈意见档案。包括客人在住店期间的意见、建议、投诉及处理结果等。

二、客史档案的建立与管理

在当今饭店行业激烈的市场竞争环境中，客人有着比以往更多更好的选择。经营和服务的竞争最终表现在与客人关系的维护和发展中。因此，良好的对客服务意识和与客人良好的关系已经成为饭店在竞争中获取经济效益的重要因素。

(一)建立客史档案的重要性

第一，能够对客人信息和历史消费情况进行量化分析，在有限的资源基础上提高销售额和利润率，充分挖掘客人的消费潜力。

第二，能够根据客人的消费行为分析客人流失、消费下降等现象的原因，从而为管理者的决策提供科学的依据。

第三，能够知道客人的需求，了解客人的爱好，以便更好地为客人提供个性化服务，满足客人的个性化需求。

第四，能够随时查到客人的生日或者其他纪念日等情况，表示出饭店对客人的尊重和服务的全面，比如送生日蛋糕、鲜花和其他礼物等。

因此，设计制作一个全面完备的“客史档案表”，如下所示，对于做好客史档案的建立、储存和利用工作至关重要。

客史档案表

<table>
<tr><td colspan="2">姓名</td><td colspan="2"></td><td>性别</td><td></td><td>国籍</td><td colspan="2"></td></tr>
<tr><td colspan="2">出生日期及地址</td><td colspan="3"></td><td colspan="2">身份证号码</td><td colspan="2"></td></tr>
<tr><td colspan="2">职业</td><td colspan="3"></td><td colspan="2">职务</td><td colspan="2"></td></tr>
<tr><td colspan="2">工作单位</td><td colspan="7"></td></tr>
<tr><td colspan="2">单位地址</td><td colspan="4"></td><td>电话</td><td colspan="2"></td></tr>
<tr><td colspan="2">家庭住址</td><td colspan="4"></td><td>电话</td><td colspan="2"></td></tr>
<tr><td>房号</td><td>时间</td><td>房租</td><td>累计消费</td><td>特殊要求</td><td>投诉事项</td><td>预订渠道、介绍人或方式</td><td>信用卡账号</td><td>备注</td></tr>
<tr><td></td><td></td><td></td><td></td><td></td><td></td><td></td><td></td><td></td></tr>
</table>

服务员签字：　　　　　　　　　　　　　　　　　　　　　　主管签字：

(二)建立客史档案的原则

第一，建立客史档案工作的管理制度，确保客史档案的规范化。

第二，编定目录和索引，要严格按照顺序存放。

第三，客人档案应独立，一客一档，便于查找和记录。

第四，一张卡填满后可以用新卡继续填写，原卡应订在新卡的后面，作好电子档的录入，保证客史内容的连续与完整。

第五，档案作为长久保存的资料必须定期整理，清理作废的卡片，及时更改存放顺序或者更正资料中的错误信息，电子档案的录入、保存应做到同步化，以保持客史档案的准确。

三、其他文件相关档案管理

有效的档案的存放与管理给现今企业繁重的经营管理工作提供了有效的支持与保障，好的档案管理可以在工作繁忙的时候文件查询给予及时的帮助，保障了高效的管理工作。

档案管理的基本原则：

第一，按照类别不同进行分管(财务文件、行政文件、人事文件等)。

第二，按照细分类别进行分管(上级通知、下发文件、政策法规等)。

第三，按照时间顺序进行分管(一年为一块、细分为十二月块、再分为四周、按日期排序)。

案例与思考

客史档案的重要性

9月中旬，北京某饭店大堂，一男一女两位外国客人向大堂副理值班台走来。大堂谭副理立即起身，面带微笑地以敬语问候。坐定后两位客人说他们夫妻二人此次因为一个工程项目要在北京停留大约一个月，项目公司已为他们在这间饭店预订了一间套房。其中约翰先生激动地说："太巧了！我们两人蜜月旅行来北京时，住的就是这间饭店。"谭副理在为二人安排好房间等相关事项后查询了饭店登记记录，约翰夫妇是两年前的10月上旬蜜月旅行时入住本饭店，谭副理马上将此信息记录在登记本上。10月上旬的一天，谭副理准备好玫瑰花篮和香槟、糕点，并代表饭店在预备好的贺卡上填好贺词请服务员将鲜花礼物送到了二人的房间。夫妻二人激动不已，连声答谢："真的非常感谢贵饭店，你们准备的惊喜真的让我们喜出望外！北京为我们留下了难以忘怀的美好回忆。"

思考：

请同学们思考档案管理在前厅日常工作中的重要性。

综合实训

请同学们利用一些相关资料制作一份客史档案，要求翔实、规范。

任务三　MISSION3　前厅部服务质量管理

任务描述

服务质量是饭店的生命线也是饭店经营的主要产品。前厅服务质量的高低直接反映了饭店整体的服务水平和管理水平，客人是饭店服务的享用者也是服务产品的最终接受者，因此衡量一家饭店前厅部管理水平的高低，主要是通过客人对其服务质量的评价。前厅服务质量主要是指以饭店的设备设施为依托，前厅服务人员为客人提供的服务适合和满足客人需要的程度。前厅部提供的服务既要满足客人物质上的需求，还要满足客人精神上的需求。前厅服务质量的高低取决于客人对服务的预期与实际感受之间的差距。

一、前厅部服务质量标准

前厅服务质量标准的内容通常包括前厅各项服务程序、服务时限、必需的设备设施以及员工应有的工作态度和工作状态等。

（一）服务程序

前厅部服务程序，即各项基本服务的正确操作规程和操作步骤。服务程序规范服务人员的服务行为，确保客人任何时间入住同一集团下任何一家饭店，都能够享受到同等的服务。

各个饭店都在根据客观实际情况不断调整服务程序，弥补原有程序中存在的缺陷和漏洞。根据长期实践检验的服务程序办事有助于在服务过程中防止出现意外，保护饭店的根本利益不受损失。

（二）服务时限

在饭店的前厅服务过程中，客人都希望得到方便、准确、快捷的高效率服务。因此，前厅服务时间的长短就成为衡量服务效率和质量的一项重要标准。前厅部作为客人信息和接待服务信息的集散地，其服务员的时间观念可以反映出整个前台接待系统中各部门、各岗位及各班次在协调合作上的一致性特点。在时间方面，出现不协调的现象是在前厅服务过程中不允许的，否则，将使客人期待的相关服务得不到实现。

为了保证前厅部各项服务工作的质量，各岗位都制订了一定的服务时间限制，以确保员工在规定时间内准确、成功地完成对客服务。这一时限的确定既要考虑员工的业务能力，又要考虑到客人的期望和同行业的情况。

（三）服务设施与设备

服务设施与设备是保证前厅部向客人成功、高效地提供全面服务的基础，包括各岗位的机器设备、办公用品、宣传销售资料等具体可见的硬件。服务设施决定了前厅的主要服务内容；而设备用品决定了服务能否按照程序要求准确无误地完成。在服务质量标准中必须明确规定，为保证在规定时间内完成规定服务程序，应该提供相应的设备设施支持，以保障对客服务能高效成功地完成。

（四）服务态度

服务人员对待客人的态度和感情，对客人对服务质量的感知有很大的影响。因此，员工形体、表情、言语、精神状态等，都应在服务质量标准中加以规范。明确哪些语言、行为、举止的使用能给客人带来良好的印象，哪些又会引起反感。在服务中，服务态度应表现为主动、热情、礼貌；在对客服务过程中，还要做到真诚，表现出高度的责任感，并且要将微笑始终贯穿于每次服务的过程。

(五)前厅服务质量通用内容

前厅服务质量的通用内容是从客人角度出发提出的最基本要求，是前厅部每个岗位在服务中都应当做到的基本标准。

第一，凡是客人看到的必须是整洁美观的。

前厅的装修要精致典雅；各种物品的摆放要整齐有序；环境要整洁美观；为客人提供一种美的享受。

第二，凡是提供给客人使用的必须是有效的。

服务有效表现在服务设施、服务用品以及服务项目等方面。前厅要为客人提供能够满足客人需求的方便的高效的服务。

二、前厅部服务质量监控

前厅服务质量的监控，是指采用一定的标准和措施来监督和衡量服务质量管理的实施和完成情况，并随时帮助服务质量管理目标的实现。从全局出发，将前厅作为一个整体，以控制前厅服务的全过程、提供最优质的服务为目标，运用一整套服务质量管理体系、手段和方法，以服务质量为管理对象而进行的系统管理活动。

第一，前厅服务全面质量监控的特点。

前厅部的每一个岗位都要参与服务质量管理。

前厅部每一个岗位的每一项工作，从开始到结束都要进行服务质量管理。

前厅部所有员工都要参与服务质量管理。

第二，前厅服务质量监控的任务。

实施服务质量控制要涉及一系列程序化的工作，包括建立服务质量控制的组织机构、制定服务标准、进行检查处理、对存在的服务质量问题进行分析等。

前厅部各岗位的服务质量控制体系，就是把以上的内容落实到每一个岗位的具体工作中去。建立严格的操作规范。在前厅接待服务工作中，能否将服务人员重复性的操作行为予以规范，并进一步制度化，是前厅服务质量过程控制成败的关键。

第三，制定明确的质量目标和质量方针。质量方针是质量管理体系的灵魂，是一个服务单位总的质量宗旨和方向。只有制定明确的质量方针和目标，才能使整体服务质量管理体系形成核心，才能有目标的选择要素和确定质量活动，并最终形成以质量方针为核心，以质量职能为运行机制的有机整体。

明确各岗位和各级的质量责任制。建立质量管理体系的主要内容，通过它可以把整个服务质量管理体系中各岗位、各环节的质量管理工作统一起来，形成一个以提高服务质量为目标的有机整体。

学习标准，统一认识。通过教育培训，使员工了解建立质量管理体系的作用和加深对本岗位质量活动内容的认识，调动员工做好服务工作的积极性，掌握与客人进行有效沟通的方法。

第四，质量管理体系具体化为质量管理体系文件，是以文件形式对质量管理体系进行的详细描述，包括质量手册、程序文件、质量记录等。

第五，有效地实施质量管理体系，必须组织前厅部所有员工认真学习质量管理体系文件，坚决按照有关规定认真执行，使每个员工在各自的岗位上，自觉按照质量管理体系文件中的有关规定工作。

另外，要抓好前厅服务质量的控制，还要抓好服务质量控制的基础工作。

第一，服务质量信息工作。服务质量信息是反映服务质量的各种信息，这些信息资料是控制前厅服务质量、发现服务质量问题、改进服务质量的重要依据。

第二，制定服务规程。服务规程是以描述性的语言规定前厅某一特定的服务所包含的内容和作业顺序，规定该服务过程应达到的规格和标准。服务规程既是服务的规范，又是服务质量控制的依据。

第三，服务质量教育工作。对员工进行服务质量教育，使其懂得服务质量是饭店的生命。掌握服务质量管理的科学方法，自觉提高服务质量，自觉参与服务质量管理。

对员工进行业务技术培训，提高员工的业务水平，保证前厅的服务质量。

三、客户投诉处理

客人服务的需求多种多样，无论饭店的档次多高或是设备设施多么完善，都不可能使每一位客人获得百分百的满意。因此，客人的投诉是不可避免的，问题的关键在于饭店要如何将投诉的消极面转化为积极面，通过处理投诉来促使自己提高服务质量，以减少类似投诉的再次发生。同时，饭店采取积极的态度正确有效地解决客人的投诉，有效地帮助饭店树立起良好的信誉和形象。

(一)投诉产生的原因

饭店投诉是指由于客人对饭店所提供的服务设施、设备、项目或工作人员的服务态度感到不满或失望，而向饭店有关部门、有关人员提出批评、抱怨或控告。客人投诉的最根本原因是饭店提供的服务没有达到客人的期望值，客人感知到的服务与客人所期望的服务之间有差距。

1. 对设备设施的投诉

这类投诉主要是由于饭店的设备设施等未能满足客人的要求，或是出现问题停止运转而引起的。尽管大多饭店都建立了对各类设备的保养、检查、维修制度，能相对减少设备设施的隐患，但仍然无法杜绝此类事件的发生。处理此类投诉时，应当立即通知有关部门进行实地检查并维修，视具体情况采取相应措施。同时，还应在问题解决后再次与客人联系，告知情况以示对客人的尊重。

2. 对服务态度的投诉

此类投诉主要针对服务人员在对客服务过程中态度不佳的现象，减少此类投诉的方法是制定规范的操作流程和标准，加强对服务人员的培训，提高员工素质和服务质量水平。

3. 对于服务质量的投诉

此类投诉主要表现为接待服务人员违反操作规程，服务效率达不到要求。为减少此类投诉，应当增强服务人员的服务意识，加强处理有关对客关系的培训，强化服务人员的服务技能，提高饭店的管理水平。

4. 对异常事件的投诉

(1)理智型投诉。由于受到冷落或受到不礼貌待遇，客人产生不满情绪，一般情况下客人会在比较冷静状态下提出投诉。此类投诉的客人一般都比较通情达理，饭店只要以积极的态度进行处理，就容易争取到客人的谅解。如果处理不当，客人就可能会要求赔偿，使事态扩大。

(2)失望型投诉。客人事先预约的服务项目，由于饭店员工的失误而耽误了客人，这种情况会引起客人的失望与恼火。处理这类投诉的有效方法是尽快使客人消气，并立即采取必要的补救措施。

(3)批评型投诉。客人心怀不满，但情绪相对平静，只是想将不满告诉投诉对象，并不一定需要什么承诺。

(4)建设性投诉。客人一般不在心情不佳的情况下投诉，这种投诉很可能是随着对饭店的赞誉而发生的。

(5)补偿型投诉。提出补偿型投诉的客人一般都认为自身的利益受到了损害，言辞较为激烈，其注意力也无法集中在饭店能够给予合理的解释，而是希望得到补偿。

当然投诉性质不会一成不变，建设性投诉不被理睬就可能演变为批评型投诉，进而发展为补偿型投诉。无论是哪一种投诉，对饭店来说都应当重视并给予合理的回应。

(二)处理投诉的原则

投诉是一件不愉快的事，但投诉也有积极的一面。针对客人对饭店的投诉，饭店应持欢迎和重视的态度，将其作为对客服务的一次机会。

1. 理解、宽容、真诚、关心——饭店赢得客人谅解的关键

大堂副理和服务人员必须懂得宽容和设身处地为客人着想。客人在不满时，其人性的某些弱点就会相对暴露，只有充分理解客人的角色特征，掌握客人的心理特点，给予理解和宽容，才能打动客人而赢得客人的理解。

2. 客人永远是对的——处理客人投诉的指导原则

处理投诉的时候，不管什么原因，大堂副理或者服务人员都不应该和客人争吵，应当理解并贯彻执行这一原则，站在客人的立场上思考问题，给客人以充分的尊重，并最大限度地满足客人的要求。

3. 公平、公正、一视同仁——正确处理客人投诉的基本保证

由于每一位客人的年龄、性别、职业、社会地位、种族、信仰等不同，就有不同的需求与要求。在服务和处理投诉时，服务人员不应考虑客人的背景地位、经济情况、衣着打扮等情况。大堂副理要树立“一视同仁”的观念。只要是饭店的客人，都要有积极主动的工作态度，保证公平、公正、平等的处理客人的投诉。

4. 要维护饭店应有的利益——饭店长远发展的关键环节

大堂副理在对客人的投诉进行解答时，必须注意尊重事实，不能推卸责任或随意贬低他人或其他部门，应从饭店整体利益出发，避免出现互相矛盾，增加客人的反感。除客人物品因饭店原因遗失或损坏应当予以赔偿外，退款或减少收费等措施不是处理投诉的最佳方法。

5. 处理投诉的程序

正确处理好客人投诉，对于饭店改善服务质量，提高管理水平，增加经济效益具有重要意义。

大堂副理应正确认识和妥善处理投诉事件，将客人投诉视为发现问题、提升服务质量的机会和动力；处理好客人投诉，可以消除客人的不满，其本身也是饭店服务质量管理的重要内容。因此，饭店应制定处理服务质量投诉的原则、方法和措施。

投诉处理程序为：聆听情况→表示同情与歉意→认真做好记录→提出解决措施→采取行动→检查实施情况→记录存档。

案例与思考

“固执”的服务员

某饭店大堂，陈女士于早上9点入住饭店，一切手续都办完以后，陈女士问服务员次日下午要赶飞机，下午三点能否退房，服务员说不可以。陈女士说明情况后又问了一遍，服务员再一次坚决地回绝了陈女士，并且说：“如果超过中午12点之后退房需要加收半天的房费。”而且表现得非常不耐烦。陈女士非常生气，与服务员发生争执，双方僵持不下，最后由经理出面才将此事妥善解决。

思考：

请同学们思考，案例中的这位服务员的问题出在哪里？

综合实训

请同学分组进行模拟处理客人投诉练习。

场景一：住在宾馆401房间的王先生早上起来想洗个热水澡放松一下。但洗至一半时，水突然变凉。王先生非常生气，匆匆洗完澡后给前台打电话抱怨。接到电话的服务员正忙碌着为前来退房的客人结账，一听客人说没有热水，就回答说：“对不起，请您向客房中心咨询，电话号码是58。”本来一肚子气的王先生一听更来气了，大声嚷道：“你们饭店怎么搞的，我洗不成澡向你们反映，你竟然让我再拨其他电话！”，说完，“啪”的一声，就把电话挂了。

场景二：一个孩子的父亲向大堂副理投诉：饭店的旋转门把他8岁儿子的脚给挤到了。

场景三：一天，大堂副理接到一个客人的投诉电话，客人生气地说，放在房间里的数码相机不见了。

任务四 MISSION4 前厅部安全管理

任务描述

前厅部安全管理，是指为保障饭店客人和员工的人身、心理及财务安全及饭店财产安全而进行的一系列计划、组织、指挥、协调、控制等管理活动。

一、安全管理工作概述

第一，饭店为客人提供的所有产品和服务都必须使客人感到安全可靠。保障客人的安全主要是指保障客人的人身安全、财产安全和心理安全。

第二，保障员工的安全，一是保障员工的人身安全，即是保障员工的身体健康，使员工的人身不受伤害。二是保障员工的合法权益。

第三，保障饭店的安全，首先是维护饭店的形象不受破坏。其次是保障饭店的财产不受损失。

二、防盗与防火

防止和减少饭店火灾危害，保护所有人员的人身和财产安全是饭店防火设计的首要目标。

（一）消防管理组织

为了加强饭店消防组织的建设和管理，提高饭店防御和扑救火灾的能力，预防和减少火灾危害，保护客人的人身、财产安全，保障经营活动的顺利进行，饭店应建立饭店、部门、班组三级防火体系，确定相应的防火负责人，并明确各级防火组织的责任。

（二）制定消防预案

1. 防火安全预案

饭店各部门和各岗位防火的责任、工作程序、防范措施等。

2. 火灾紧急预案

饭店一旦发生火灾，饭店相关部门负责人及各类员工应采取的程序。

3. 火灾疏散预案

饭店一旦发生火灾，让人员和财产紧急撤离出火灾现场，到达安全地带的行动程序。

4. 灭火战斗预案

为了有效灭火，饭店灭火预案应准备以下资料：饭店平面图、建筑物外形特点、车辆进出口通道、电梯间、防烟楼梯间的位置、饭店内部消防设施布置图及灭火行动平面图。

(三)饭店火灾的预防

饭店的防火措施，在管理上必须抓好三个环节：一是制定消防安全管理制度。二是普及防火知识，落实防火岗位责任。三是定期进行消防安全检查，保证各类消防设施正常运行，防止火灾的发生。

饭店为防盗窃、防破坏、防流氓活动、防治安突发事件和自然灾害事故而进行的一系列管理活动。

保障饭店的安全，首先表现在为了维护饭店的形象不受破坏而进行的一系列工作。饭店失窃的情况主要分为三种：一是住店客人中的不法分子进行盗窃。二是社会上的不法分子混入饭店进行盗窃。三是内部员工利用工作之便进行盗窃。对此饭店的安保人员必须遵循如下原则加以防范：

1. 客人至上

饭店把客人的需要作为服务活动的根本出发点，把满足客人需求作为服务活动的宗旨。

2. 预防为主

预防为主是保障安全的基本做法，要实现安全，必须扎扎实实地从预防做起。

3. 责权一致

饭店的安全管理是整个饭店各个部门全体员工都应该担负的一项工作内容。

4. 群防群治

必须建立多种形式的群众性队伍，依靠全体员工的力量，要求每一位员工都有安全意识。

5. 内紧外松

饭店的安全管理工作，既要建立各种安全管理制度，又要注意方式方法，做到自然、恰当。

三、其他意外事故的防范

意外事故是指不可预见、不可避免、不可克服的事故。

(一)思想上重视

重视加强全体员工安全方面的教育，通过采取多种宣传形式，来开展全体员工安全方面的宣传教育。

(二)提升业务水平

第一，强化培训，加强思想意识教育。

第二，建立安全管理监控系统。

第三，建立、健全安全信息管理制度。

(三)加强检查

1. 层层落实

要想久安，就必须长治。安全防范工作就是要持之以恒、毫不松懈地紧抓不放。

2. 加强现场管理

实施现场管理，各部门要通力协作、相互提醒、并加强监督。

3. 签订相关安全管理责任书

抓好饭店安全管理工作，必须与各部门签订相关安全责任书，切实落实好每个环节的工作。

4. 发现隐患积极整改

预防工作的有力手段之一就是加强检查，对可能出现的安全隐患，做好整改工作，防微杜渐，并对整改的结果进行复查，提升执行力，一定要把安全管理工作做到位。

案例与思考

“不翼而飞”的人民币

某日，北京某饭店前台，一对穿着考究的外国夫妇来到饭店前台兑换外币，值班的是田小姐和郑小姐，由于面对的是外宾，所以两人略显紧张，英语水平稍好些的田小姐负责接待，并为其进行兑换。而郑小姐则应女客人的要求介绍饭店周边的旅游景点。田小姐取现金时，男外宾要求兑换比较新的百元人民币，田小姐拿出比较新的钱后，外宾要求从百元钞中再挑一挑，田小姐答应并将现金递给他。在仔细查找后男宾说较新的百元钞太少了，很遗憾不再兑换了。于是田小姐将外币还给了外宾，同时收回了人民币。待外宾走后，郑小姐在清点备用金时发现少了1600元人民币。

思考：

请同学们分析前台接待员的做法存在哪些漏洞？

综合实训

请各位同学进行小组讨论，如何提高饭店的安全度。

任务五 MISSIONS 前厅部沟通协调

任务描述

前厅部作为饭店的信息中心，必须保证部门内部信息的畅通，保证与饭店其他部门的密切联系，加强协作，保证饭店正常运转，为客人提供满意的服务。

一、常用沟通媒介

饭店经营管理过程中，常见的沟通协调的方法主要有书面形式、语言形式、会议、计算机网络、手机等形式。

二、沟通协调的主要措施

第一，建立良好的沟通渠道，重视沟通过程的管理。沟通效果需要有相应的制度和规范加以保障，同时加强信息传递过程的管理，增加相关考核和约束，提高沟通的过程管理。

第二，加强对管理者和员工的培训，使之认识到饭店服务的整体性，充分了解沟通的重要性，掌握正确的沟通方法，使他们能够换角度思考问题，使沟通变得更加畅通和有效。

第三，加强对信息沟通执行反馈情况的检查，抓好上下级及各个部门间的沟通，保证信息的双向畅通。

三、前厅部内外信息沟通

前厅作为饭店的“神经中枢”，是客人与饭店各部门之间联系的桥梁，前厅要了解客人的需求和其他部门的有关工作，保证部门内部以及与其他各个部门之间信息的畅通，协调饭店对客服务，为客人提供满意的服务。

（一）前厅部与饭店其他各部门的沟通协调

1. 前厅部与客房部的沟通协调

(1)前厅部注意做好与客房部核对房态信息的工作，保证房态信息的准确无误，确保安排房间工作的效率和准确性。

(2)将客人入住的信息及时通知客房部，做好对客接待工作。

(3)将客人提出的有关客房服务的要求转告客房部，为客人提供及时满意的服务。

(4)提前将对 VIP 客人的接待通知客房部，做好客房的布置与清洁工作。

(5)客房部协助总机探望对叫醒服务无反应的客人。

(6)客人退房时及时通知客房部查房。

(7)前厅部向客房部递交相关表格。

2. 前厅部与餐饮部的沟通协调

(1)向餐饮部递送客情预报表，通报有关客情信息。

(2)向餐饮部传递 VIP 客人的接待要求及其他住店客人的进餐要求。

(3)掌握餐饮部各营业点的服务项目、服务特色、经营时间及营销活动，协助餐饮部促销。

3. 前厅部与销售部的沟通协调

(1)与销售部密切配合，参与制定客房的销售策略。

(2)销售部将团队、会议客人的预订资料及时传递给前厅部，前厅部根据预订要求安排房间。

(3)前厅部向销售部传递相关营业报表。

(4)和销售部共同完成团队客人的接待工作。

(5)和销售部共同完成 VIP 客人的接待工作。

4. 前厅部与财务部的沟通协调

(1)双方就客人信用限额、预付款、超时房费的收取及结账后再发生费用的情况进行沟通协调。

(2)双方就每日的客房营业情况进行细致核对，以保准确。

(3)前台收银处将客人账单、支票等按规定递交财务部，以便处理和审核。

5. 前厅部与总经理室的沟通协调

(1)前厅部定期向总经理室呈送相关营业报表。

(2)请示、汇报对客服务的有关情况。

(3)根据总经理室的安排接待 VIP 客人，并递交“贵宾接待规格呈报表”等，供总经理审阅批准。

(4)出现重大及突发事件，应该首先报告总经理室。

6. 前厅部与其他部门的沟通协调

(1)前厅部与人力资源部沟通协调，开展新员工的录用、岗前培训及员工考核工作。

(2)前厅部与安保部沟通协调，保障客人与饭店的安全，维持大堂内的正常秩序。同时安保部协同大堂副理处理各类突发事件。

(3)前厅部与工程部沟通协调，送交维修通知单，保证前厅部设施设备的正常运转。

(二)前厅部内部员工之间的沟通协调

1. 接待处与预订处的沟通协调

(1)预订处要及时把关于客人的订房要求及个人资料移交接待处，接待处将预订了却没到的客人的情况返回预订处，以便预订处进一步查找相关信息，作出处理。

(2)遇到预订客人到店当天的订房变更或订房取消的情况，预订处应及时通知接待处做相应处理。

2. 预订处与礼宾部的沟通协调

(1)预订处将预计翌日抵店客人的资料及有关接待要求，详细列表交于礼宾部。

(2)礼宾部根据资料情况，安排饭店代表和行李员为客人提供接站及行李服务。

3. 接待处与礼宾部的沟通协调

(1)客人抵店时，行李员协助客人照看行李，引导客人到接待处。

(2)行李员协助总台为客人递送留言条、换房通知单等资料。

4. 接待处与收银处的沟通协调

(1)接待处应及时将客人的入住登记资料交于收银处，以便收银处管理客账。

(2)换房时，接待处应迅速通知收银处。

(3)双方在夜间要仔细核账，以避免出现漏账、错账，确保当日营业状况的正确显示。

案例与思考

预订与接待的“错位”

姜先生于 3 月 12 日来到北京某饭店大堂，出示有效证件后要求行李员将自己的行李搬进自己 11 天前电话预订好的房间，可前台接待员核对房间预订表后告知并没有姜先生的预订记录，而且饭店房间已经预订一空。姜先生很奇怪，自己明明 11 天前电话订好了 15 日的房间，3 天后因为行程变动又电话告知饭店自己将提前于 12 日到达饭店，可是经过查询饭店客房登记单姜先生发现自己的预订并没有更改，姜先生非常生气，经大堂经理查询，发现是预订部接到姜先生的更改预订电话后没有及时通知接待部，造成了今天的突发情况。后经双方协调，将套房折价后给姜先生使用，此次事件方才平息。

思考：

你认为这个投诉出现的原因是什么？饭店该如何避免此类损失？

综合实训

请同学们分别设计场景模拟前厅部与其他部门或前厅部内部的协调工作。

A. 前厅部与餐饮部

B. 前厅部与市场销售部

C. 前厅部与工程部

D. 前台与礼宾部

项目七 PROJECT 7

前厅部人力资源及制度管理

人是经营之本，一切管理行为都要通过员工贯彻落实，因此不管是管理部门还是管理者都需要在人力资源管理观念和技巧方面具有扎实的功底。前厅部是饭店服务的中心，前厅部的人力资源管理工作直接关系着整个公司的经营管理状况。前厅部作为饭店服务工作的中心，是饭店形象的突出标志，所以有效的人力资源及制度管理对这一部门至关重要。前厅部人力资源及制度管理的目标是获取合格的员工、开发员工的潜能，激发员工的绩效，调整员工的行为，并赢得员工的奉献精神。为此，前厅部门需要不断的开发和利用人力资源，并通过一系列的制度把人力资源整合到组织中去，使之与组织融为一体，从而实现本部门及整个饭店的有效运转。

任务一 MISSION1 前厅部人力资源管理

任务描述

为了实现前厅部门的有效运作，前厅部需要通过不断获取人力资源，保持和激励他们对本组织的忠诚与积极性，控制他们的工作绩效并做相应的调整，尽量发掘他们的潜能，以支持组织目标的实现。这样的一些活动、职能、责任和过程就是前厅部的人力资源管理。前厅部人力资源工作主要涉及前厅部门员工的招聘、录用、培训和激励。

管理的核心是人，因此人力资源管理不仅是人力资源管理部门的工作，也是每一位管理者的重要职责。前厅部作为饭店服务工作的中心，是饭店形象的突出标志，所以有效的人力资源管理对这一部门至关重要。

一、前厅部人力资源管理概述

（一）前厅部人力资源管理的内涵

1. 人力资源

经济学把可以投入到生产中并创造财富的生产条件和物质统称为资源。遵循这一思路，人们把能推动社会发展和经济运转的人的劳动能力称为人力资源。显然，这是人力资源的宏观定义，是社会学、经济学、人口学等经常使用的概念。与此相对应，企业的人力资源则是一个微观概念，指的是特定的社会组织所拥有的或潜在可获得的能推动其发展和实现目标的人的能力的总和。

2. 前厅部人力资源管理

现代企业普遍把人力资源纳入自己的管理范畴，称为人力资源管理。饭店前厅部人力资源管理就是饭店的前厅部门对本部门所需的人力资源进行有效开发、合理利用和科学管理的过程。从开发的角度看，它不仅包括对饭店前厅部人员的智力开发，也包括对前厅部人员的思想文化素质和道德觉悟的提高；不仅包括对饭店前厅部人员现有能力的充分利用，也包括对前厅部人员潜在能力的有效挖掘。从利用的角度看，它包括对前厅部人才的发现、鉴别、选拔、分配和合理使用。从管理的角度看，它既包括前厅部中人力资源的预测与规划，也包括人力资源的组织、培训和激励机制等。

（二）现代人力资源管理的理念

值得注意的是，现代人力资源管理虽是从传统的人事管理发展起来的，然而这种发展绝非是“劳动人事部”改名为“人力资源部”那么简单，也不仅仅是部门管理范围的扩大和缩小。现代人力资源管理以一种战略性、主动性的姿态代替了事务性、被动式的传统劳动人事管理模式。这种转变是历史潮流发展的必然，体现了管理理念的重大变革。现代人力资源管理的理念反映出重大哲学命题的转变：认为对人的投资是值得的，认为人带来了组织业绩的不同；强调将员工个人的目标与组织的目标相结合；经营管理权是为了迎合组织在竞争激烈的环境中生存需要而确定的；单一制或新型单一制的劳资关系参考框架由协调、集体协商、互相承诺和雇主员工的共同利益组成；人力资源功能与管理利益以及与建立“企业合伙人”角色的管理目标紧密结合；更多的关注劳资关系中矛盾的顽固性与不可避免性，加深对如何有效的解决矛盾的重视程度。

（三）前厅部人力资源管理的任务和功能

前厅部人力资源管理的主要任务是指前厅部的人力资源管理工作主要应完成哪些目标，而功能则是指为了达到这样的目标需要发挥哪些作用。

1. 任务

前厅部人力资源管理的基本任务，就是根据企业战略发展的要求，通过有计划地对本部门的人力资源进行合理配置，搞好对企业员工的培训和人力资源的开发，采取各种有效措施，激发员工的积极性，充分发挥他们的潜能，做到人尽其才、才尽其用，更好地促进工作效率和经济效益的提高，进而推动企业各项工作的开展，以确保企业战略目标的实现。

2. 功能

为了实现上述任务，前厅部人力资源管理必须发挥如下功能。

(1)获取。即获取本部门所需的各种人力资源。为此，首先要设计好组织结构，进而要做好人力资源近期、中期与远期规划；吸引所需人才，做好招聘、考评、选拔、委任与安置等工作，以获取所需的人力资源。

(2)整合。即采取各种有效的管理措施，使得招录和已获取的人力资源，不仅在组织上加入到本组织的行列，而且在思想上、感情上、心理上认同组织并融为一体。

(3)保持与激励。指对所招录和已获取的人力资源，采取适宜的措施，让他们对工作环境和工作条件感到满意，并注重培养、激发他们对工作的积极性、主动性、创造性并保持足够的工作热情。

(4)控制与调整。主要是指设立合理而完善的人力资源考评体系，并有效地运作，在考评的基础上，提出调整计划和方案，如晋升、调迁、解雇、离退、奖励、惩戒等，使员工的个人行为、个人利益与组织的目标和利益达到最大限度的协调，以提高组织人力资源的整体水平，适应不断变化的环境要求。

(5)开发和发展。主要指组织为有效地发挥员工的才干和提高他们的能力而采取的一系列活动。开发活动的主要环节包括人才发现、人才培养、人才使用与人才调剂。它的目标有两个：一是提高人力资源的质量水平；二是提高员工的活力和创造性。

以上五个方面的功能互相联系、互相制约，贯穿前厅部人力资源管理的始终。

二、前厅员工的素质与招聘

人才竞争的流动性再加上企业内部人员正常退休、调动等，使得人员招聘活动成为企业经常性的人力资源管理活动。饭店应根据人力资源需求状况和岗位要求，通过各种途径，综合利用各种方法和渠道，招录各部门所需的高素质人才。

(一)前厅员工的素质

前厅被称为饭店的“门面”和“窗口”，因此，前厅员工的表现关系着饭店经营的成败，这就要求饭店前厅部门必须十分重视培养高素质的员工。饭店的前厅部门根据其组织编制和职位分工产生了诸多岗位，如：前厅部经理、前厅部副经理、前厅部秘书、迎宾、客服接待等。虽然，前厅岗位和工种繁多，不同的岗位对人员素质要求也各具差异，但就其共性而言，前厅员工必须具备以下基本素质：

1. 事业心和进取心

对饭店业有正确认识，立志在饭店业寻求发展。热爱本职，勤奋好学，富有进取心，这是能够成为出色员工的基础素质。

2. 仪表、仪容

仪表，即一个人的神态、风度。包括良好的身材、真诚的笑貌、开朗的性格等。这些都是创造宜人环境不可缺少的条件。特别是微笑服务，是与客人建立友谊的桥梁，它可使服务工作生辉，饭店兴旺。仪容，即一个人的长相及打扮，包括良好的外形气质，得体的衣着，恰当的修饰，良好的个人卫生等。

3. 修养

即要求员工受过良好的教育及专业训练，谈吐优雅，举止文明，殷勤有礼，对人尊重，并善于控制自己的情绪。

4. 人际互动

与人相处随和合群，热情好客，乐于助人，善于交际，识大体，不小气。

5. 忠诚负责

在对客服务过程，表现出高度的责任心，说到做到，言行一致，遵守劳动纪律，遵守业务规程，在与同事相处时能以诚相待，具有良好的团结协作精神。

6. 头脑冷静与行为正确

即要求员工头脑清楚，思路清晰，考虑问题，处理事务有条不紊，对事物的正负两方面有正确认识，是非分明，对客服务准确无误，差错极少。

7. 理解力

即善解人意，能迅速正确地领会客人的需要，处理问题通情达理。

8. 机智

精明能干，言谈举止能注意场合，掌握分寸，应变能力强，有幽默感，善于化解尴尬局面和调动气氛。

除了以上基本素质之外，前厅员工还必须在各自岗位上练就必要的技能。如业务操作技能，语言沟通技能，计算机和办公自动化应用技能、记忆能力、应酬技能等。只有具备基本的素质，加上系统培训及员工的个人努力，熟练的掌握前厅业务技能，才能逐步成为高素质的、出色的前厅员工。

（二）员工招聘

不同的岗位规定了其相应的岗位职责和任职资格，饭店前厅部门的人员招聘就应该依据各部门的岗位要求和任职资格，考察应聘者的基本素质和资格，做出招聘录用决策。

1. 员工招聘的途径

(1)广告招聘。饭店通过当地、全国性或国际性的报纸杂志、广播、电视等各种媒体刊登招聘广告，面向社会公开招聘员工。这一招聘方式是目前饭店业较常用的方式，优点是选择面广、影响力大，在招聘员工的同时也宣传了饭店自身形象和实力，但是招聘工作所耗费的资金、时间相对较多，所招聘的人员社会背景较为复杂，相当一部分缺乏饭店工作所需的技能和经验，需要经过相应的职业培训才能够上岗工作。这一招聘方式适合于饭店开业或扩大经营规模时采用。

(2)通过互联网招聘。饭店可在国际互联网上发布招聘信息，吸引世界各地的专业人员。近年来这一方法随着网络电子商务的发展而越来越普及。我国目前大多数网站都建立了人才交流专栏，便于用人单位和闲置人才的交流。这一方式的特点是成本低、见效快，应聘人员素质较高，可跨地区、跨国界招聘，适用于招聘饭店中高层管理人员。这是国际饭店业招聘专业人才的主要方法之一，而且在中国饭店人员招聘工作中也逐渐起到越来越大的作用。

(3)向相关院校招聘。前厅部是饭店中对员工素质要求较高的部门，尤其是预订、接待、总机、值班经理等岗位，对员工的语言、应变等能力都有很高的要求，因此饭店通常从大中专学校中招聘语言和综合能力较强的优秀毕业生担当前厅部各岗位的工作。

(4)通过专业机构招聘。通过专门的劳务或人才市场，面向社会招聘所需员工，这也是目前饭店业及很多行业招聘员工的主要渠道。同广告和网络招聘相比，这一方式能使招聘者和应聘者直接面对面交流，招聘者可以较为全面客观地考察应聘者的综合素质，选拔出符合饭店要求的应聘人员，相对节省大量的资金和时间。

(5)通过猎头公司招聘。通过专门的人力资源获取机构，利用各种优厚的条件吸引人才加盟。起初，各饭店大多利用私人关系运作，近年来则通过专业的人事公司招聘专业人才。饭店将招聘要求告知人事公司，由人事公司负责搜集符合条件的人员的资料，经饭店审核认可后，再由人事公司安排饭店与招聘对象接洽，最终完成招聘。很多新开业饭店常通过这一途径招聘中高层管理人员。

(6)内部招聘。虽然管理者可以从饭店外部招聘优秀人才，但从饭店前厅部或其他部门内部选拔人才也是许多饭店招聘人才的重要手段，尤其是各部门各级管理人员的招聘更应该首先考虑从本部门员工中招聘。内部招聘可以有效地激励员工，提高员工的工作积极性，培养员工对饭店的忠诚，增强饭店的凝聚力。但内部招聘受企业本身和组织文化影响，也有一定的局限性，如申请者思想观念容易固化，管理理念创新不强等。

2. 员工招聘的过程

第一，确定招聘岗位及数量。

前厅部门由于人员流动或组织调整都会出现人员编制不足的情况。各部门各岗位管理人员应根据本部门的实际运营需要，确定空缺职位和所需招聘人员的数量。

第二，制作和发布招聘广告。

人力资源部门依据所聘岗位的职责和资格要求制作招聘广告。饭店通过报纸、广播、电视、网络、公共信息牌等各种宣传途径对外发布招聘信息，吸引应聘者。招聘广告应主题明确，内容真实明了，用词简洁通俗，易于应聘者理解。

招聘广告应明确说明所招聘的具体岗位和对应聘人员的资格要求。合格的招聘广告应明确给出所招聘岗位工作的主要范围、工作内容、工作条件、工资福利待遇、人员基本素质要求等内容。

另外，由于广告费用的多少取决于广告所占的时间或版面，所以广告用语应尽量简洁，避免冗长含糊，力求以最少的文字传达最多最明确的信息，充分发挥广告宣传的作用。

小贴士

×××饭店员工招聘要求

部门：前厅部　　职位：秘书　　性别：女　　年龄：20～25 周岁

基本资格要求：

学历：中专以上学历

专业：文秘或相关专业

工作经验：3 年以上相关行业工作经验

能力要求：

熟练掌握各种办公软件的应用，打字速度不低于每分钟 50 字。

熟练使用各种办公室自动化办公设备。

具备一定的英语听说能力。

具备良好的人际互动能力。

具备良好的语言文字能力。

第三，初选。

人力资源管理部门及前厅部有关人员共同对应聘者资料进行整理和筛选，确定基本符合应聘资格的初选对象。

应聘申请者应提供个人简历、相关学历证书和经历证明的复印件，以及其他各种职称、技能证书的复印件。选择通常是以应聘者的个人简历(包括经历、学历、技能等，以相应证书或证明为凭)是否符合饭店的要求，相关证明文件是否真实为标准。

第四，面试。

由初选选出的符合饭店招聘要求的应聘人员要参加面试，以考察应聘者的性格、应变能力及个人综合素质。

主持面试的人员一般包括饭店人力资源管理部门及相关部门、岗位的管理人员，以考查应聘者是否适合特定工作岗位的要求。面试的方式多种多样，有结构化面试和非结构化面试，有时还辅之以心理和能力测评等。面试经常使用面试考核清单。

小贴士

面试考察清单

姓名：	性别：	年龄：	编号：	应征部门：	所属部门：
评价要素	评价等级				
	1(差)	2(较差)	3(一般)	4(较好)	5(好)
个人修养					
求职动机					
语言表达能力					
应变能力					
自我认识能力					
社交能力					
性格内、外向					
健康状况					
相关专业知识					
逻辑思维能力					
总体评价					
□建议录取	□有条件录取		□建议不录取		

第五，汇总面试结果、安排体检。

完成对应聘者的综合测试之后，由参与测试的人员共同评定每个应聘者的综合得分，按一定比例选择成绩优秀者参加体检。因为饭店业属于服务性行业，所有从业人员必须保证身体健康，无任何传染性及其他不适合服务性工作的疾病，持“健康证”才能上岗工作。

第六，录用。

饭店人力资源管理部门和前厅部共同根据面试和体检结果，择优录用面试成绩优秀、身体健康、具有良好的人际沟通能力和高度的敬业精神、能够胜任本职工作、具备良好发展潜力的优秀人才，并以书面及电话形式通知被录用人员办理录用手续。

三、前厅员工的培训

获取合格的员工只是保障饭店良性运转的第一步，不论是新员工还是老员工都需要进一步提高素质和水平，使他们与本岗位、本组织以及时代的发展相适应。因此，系统、持续的培训是饭店保持、整合和激励员工的重要手段。

（一）培训的目的与作用

人力资源管理中的培训是指组织为了实现组织自身和工作人员的发展目标，根据组织实际工作情况和员工发展需要，有目的、有计划、有组织地对员工进行培养、教育和训练，提高其与工作相关的知识、技能以及态度等，适应并胜任本职工作。

培训的根本作用是使受训者在知识、技能、态度等各方面得到明显改善，由此带来工作效能和效率的提高，产生明显的经济效益和组织文化效应。具体体现在以下几个层面：首先，对新员工而言，培训可以促使其更快适应职位要求；其次，对老员工而言，培训可以有效督导其改善工作业绩；再次，对管理而言，培训可以实现自我提高，以增强满足感和安全水平；最后，对组织而言，培训可以创造更好的组织文化并增强组织稳定性。

饭店业是劳动密集型服务行业，人员素质对饭店经营和运转的意义尤为重要。顾客满意才能给饭店带来客源和效益，顾客满意度原则是由于高素质的员工，而高素质员工则产生于系统、持续的培训。同时，员工个人也可以从培训中提升素养、发展能力，从而获得成就感和归属感。由此可见，培训的直接目的是提高工作人员的素质，使之适应和胜任工作需要；培训的最终目的是实现组织与员工双赢发展。

1. 提高员工技能

培训的首要目的是保证员工具备能胜任岗位工作所需的服务技能。由于大部分新招聘的初级员工对饭店工作的特点、性质、方法、技能和技巧缺乏必要的了解，所以饭店人事部门和前厅部首先要对他们进行岗前培训，保证员工掌握基本的工作技能。同时，前厅部还应针对服务工作中出现的各种新问题，进行各类培训，以提高员工的服务技能和技巧，保证对客服务的顺利完成。

饭店在礼节礼貌方面对员工有较高的要求，因此员工上岗前都必须通过相关培训，直至熟练掌握服务用语才能正式上岗。前厅部各岗位中接待、预订、问询、总机的员工，必须经过相关服务程序的培训，掌握基本服务技能，如语言表达、电脑操作、办公设备使用等才能上岗工作。

2. 培养业务骨干

饭店和各部门管理人员要对工作表现出色、工作踏实勤恳的优秀员工进行有针对性的系统培训，可采取长期外派、短期集中等方法将这些员工培养成为饭店的业务骨干和后备管理力量。

国内很多饭店都鼓励员工参加继续教育，并积极为他们创造条件，给予勤奋上进的优秀员工各种机会，接受各种形式的培训：外出学习、参观、进修。有些饭店甚至不惜花费大量资金派遣员工出国接受培训。

3. 提高服务质量

培训的最终目的就是提高服务质量。前厅部要根据客人对饭店产品不断变化的需求及整个行业的发展，不断对员工进行培训，促使员工掌握更多更高的服务技能和手段，提高服务质量。例如，由于近年来德、法、意等国游客来华旅游的数量不断增加，南京金陵饭店开始对员工进行语言培训，要求员工掌握多种外语，以提高对客服务质量。

4. 降低经营成本

很多高层管理者对员工培训存在着误解，认为“培训很贵”。从表面上看，培训增加了饭店的营业支出，而事实上，培训在一定程度上对降低饭店的经营成本起着重要作用。因为没有经过培训的新员工与经过良好培训的熟练员工相比，工作效率较低，差错率较高。低效率、高差错率对饭店业，尤其对前厅部就意味着客人的高度不满和高投诉率，由此而产生的直接后果就是高额的“纠错”成本，间接损失是客人的不断流失，从而使饭店的营业成本不断上升。所以，“培训贵，不培训更贵”。

5. 激励员工

系统的培训不仅可以帮助前厅部员工掌握多种工作技能，同时也是对他们一种有效的激励。因为不断接触新事物、学习新知识、掌握新技能，形成了对他们的挑战。人们总是希望从工作中有所收获，而不仅仅是付出。员工通过培训既获得了知识、又提高了技能，同时也获得了成就感和满足感。许多人之所以选择在大型、高档饭店或饭店集团工作，其重要原因之一就是可以获得良好的培训机会，能够为自身长期发展积累必要的知识、技能和经验。

想一想

你认为对于新员工来说，哪些培训内容是必不可少的？

(二)培训的原则

1. 系统性、制度化

前厅部对员工的培训应有详细的计划，针对每个员工的不同情况制订系统的培训计划，以达到培养业务骨干的目标。

系统化培训即是要求培训内容、培训计划具有连续性和计划性，不能漫无边际、毫无目的地安排培训内容，也不能简单地“头痛医头，脚痛医脚”，更不能“三天打鱼，两天晒网”。只有有计划的连续性培训才能真正奏效，达到培训目的。

前厅部各岗位主管可根据各岗位工作的特点及员工不同的基础和素质条件，有针对性地制订不同的培训计划，确立短期、中期和长期培训目标，确定不同阶段的培训主题，通过系统的培训循序渐进地提高员工的业务素质，将员工培养成为能够独当一面的优秀人才。

2. 实用性、合理化

前厅部培训的内容应具有实用性，让员工能在实际工作中运用这些知识。培训内容的选择应以本饭店实际情况和前厅各岗位工作的实际需要为依据。同是前厅接待处的技能培训，普通旅游饭店和高星级旅游饭店的培训内容就有很大的差异；同是旅游饭店，所处地区和主要客源市场的不同，培训的内容就会有所不同。

以语言技能为例，三星级以下饭店前厅部的员工仅要求掌握普通话礼貌用语，而三星级以上饭店前厅部的员工则要求必须掌握一门以上的外语。以日本市场为主要客源的旅游饭店，前厅部员工必须熟练掌握英语和日语，而以接待欧美客人为主的饭店则要求前厅部员工除掌握英语外，还要求掌握德、法、意等国语言。因此，如果脱离饭店的经营环境，盲目确定培训内容而不考虑其实用性，则会造成时间和资源大量的浪费。

另外，培训的计划、时间、方法应合理，应考虑到饭店的正常运转，保证对客服务的顺利进行。在时间安排上，既要不影响饭店和前厅部工作的正常运转，也要避免过多地占用员工个人时间，从而影响他们参加培训的积极性。培训方法应着眼于培训的实际效果，切忌走过场，搞形式。培训重点的安排要以饭店运转和对客服务中亟待解决的问题为主，通过培训帮助解决服务和运转过程中出现的各类问题。

3. 灵活性、多样化

由于饭店各部门分工较细，工作方式和服务方法各具特点，工作时间也有很大差异，所以很难组织起长时间的集中培训。各部门的培训方式、方法以及时间安排可灵活、多样，不要盲目统一。

就前厅部而言，各主要岗位的员工工作地点分散，工作特点各异，工作班次也各不相同，因此培训任务可由各岗位主管利用交接班的时间统一下达，由员工利用业余时间独立完成。培训方式既可以是通过下发文字资料由员工自学，也可以是由主管对个别员工进行单独辅导，还可以是由主管人员直接培训领班或骨干员工，再由他们培训基层员工。对服务技能和操作程序的培训可以通过现场示范、案例分析或以文字、音像等方式帮助员工加深理解。组织骨干力量外出参观、考察，学习同行的先进经验，也是很多饭店经常采用的培训方式。

4. 低成本、高收效

无论选择何种培训方式和方法，都应该注意控制培训成本，包括培训时间、人员及资金的投入，以及对饭店运转和服务质量的影响等。因此，由饭店或前厅部内部人员能进行的培训，就尽量由自己完成；可不占用员工工作时间和节假日进行的培训，就尽量不占用。培训效果应通过严格的考核来检验，以确保切实收到成效。

(三)培训的基本类型

1. 按培训形式划分

(1)集中培训。由饭店或前厅部集中组织员工参加的普及型培训。培训内容普遍适用于前厅部各个岗位，如微笑服务的训练，饭店基本知识、旅游职业道德、前厅部基本对客服务知识，以及饭店组织的安全培训和消防培训等。由于饭店工作时间的特殊性，集中培训通常安排在员工交接班前后。饭店正式开业之前也是安排全体员工参加集中培训的大好时机。此外，有的饭店还邀请专家学者为员工进行集中培训，时间通常安排在饭店经营淡季，以不影响饭店运转为宜。

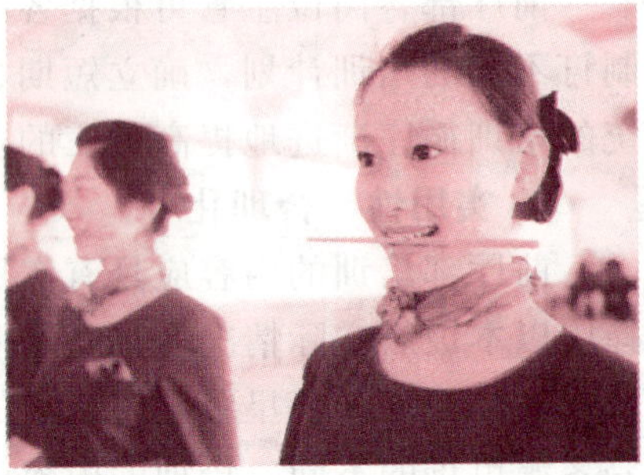

(2)单独培训。饭店或前厅部根据每个员工不同的能力和技能特点所进行的有关业务知识、业务技能和管理理论等方面的系统培训对员工来说是一种有效激励手段。此类培训具有较强的针对性，因此要求前厅部有关管理人员熟悉自己的员工或下属，针对他们不同的业务水平和性格特点，因材施教，实施系统培训，使他们都能有良好的发展前途。

2. 根据培训活动的性质来划分

(1)知识培训。主要任务是对受训者所拥有的知识进行更新，其目标是要解决“多知”和“快知”的问题。饭店前厅部门应根据本行业要求和知识更新状况，有计划地组织本部门员工学习与本行业相关的各类知识。如饭店或前厅部组织的关于饭店基础知识、旅游职业道德等一般性常识的基础培训，通常在员工正式上岗前完成，这就属于知识培训。

(2)技能培训。主要任务是对受训者所具有的工作能力加以提升，其目标是要解决“会”的问题。技能培训针对前厅部各岗位员工实施，目的是促使他们掌握本岗位工作所需的业务技能。培训内容通常有较强的专业性和针对性，适用于特定岗位的工作需求，而不同于能适用于任何部门和岗位的一般性培训。例如，前厅接待处和客房预订处的客房销售技巧培训，问询和总机的客人来访程序培训，以及旅游团队等团体接待程序培训等。这些培训都是在员工已具备一定对客服务经历的前提下实施的，促使他们的专业技能和服务水平达到一个新的高度。

(3)观念培训。主要任务是使受训者持有的观念、态度得到改变，其目标是要解决“适”的问题。前厅部门根据饭店企业的经营理念和企业文化对员工的价值观、态度进行培训，使之与组织保持一致，延续企业的胜利，这些培训都属于观念培训。

(4)心理培训。主要任务是帮助受训者调节自身的心理状态，引导他们最大限度地实现自我超越，其目标是尽可能减少或祛除影响个体发展的内在心理限制，帮助学习者树立自信，开发其潜在的能力。现代饭店等服务企业越来越注重员工的心理培训，一方面，饭店前厅部门可以通过心理培训开发员工的潜能；另一方面，前厅部门可以改善组织环境，从而全面提升员工的工作生活质量和满意度。

3. 根据受训者的职位类别或层次来划分

这类培训的主要目标是帮助受训者按照自身在组织不同层级中的职位要求，习得相应的工作技能、态度和行为方式。因此，针对不同层级员工的培训重点和要求是各不相同的。高层管理者的培训应更侧重理念、战略和人际沟通，以提高从全局观点对组织的战略、目标、方针及发展的洞察、规划、决策和统筹等能力。中层管理者主要应开发其任职能力，提高他们的业务决策能力和计划能力以及对员工的判断、评价能力以及与人沟通交流的能力。基层管理人员主要培训如何有效处理第一线日常工作中各种问题的技巧。

4. 根据员工接受培训的时间与任职的关系来划分

(1)岗前培训。饭店人力资源管理部门在员工正式上岗工作之前，要组织饭店内部人员或委托专门机构对他们进行有关旅游常识、饭店知识和服务技能等方面的集中培训，并根据考核结果安排他们的工作岗位。根据培训内容，岗前培训可分为一般性岗前培训和专业性岗前培训。一般性岗前培训的主要内容有新员工的适应性培训，有关旅游职业道德、饭店规章制度、饭店基本常识和当地旅游知识的培训等，下表就是某饭店企业一般性岗前培训的安排；专业性岗前培训是指从事某一特定岗位工作的员工所应接受的基础专业知识和专业技能训练。

小贴士

某饭店企业岗前阶段的导向活动安排

日期	时间	培训内容
第一天	上午：8：30—10：00 10：15—11：45 下午：1：00—5：00	饭店概况 饭店组织结构及其主要人员介绍 《员工手册》教育、饭店常识
第二天	上午：8：30—11：45 下午：2：00—5：00	个人卫生礼仪礼貌 外事纪律教育
第三天	上午：8：30—11：45 下午：2：00—5：00	饭店消防知识 饭店员工应负报案责任
第四天	上午：8：30—11：45 下午：2：00—5：00	饭店的开源与员工的关系 饭店设施的维修保养
第五天	上午：8：30—11：45 下午：2：00—5：00	职业道德与急救常识 消防录像
第六天	上午：8：30—11：45 下午：2：00—4：00	复习 考试

岗前培训意义重大，从浅层上讲，它能为新员工指引方向，使员工对新的工作环境、条件、人际关系、应尽职责、工作内容、规章制度、组织期望有所了解，能尽快进入角色，创造优绩。从深层上讲，岗前培训是新员工在组织中的社会化过程，是员工对自己的组织从思想上、感情上及心理上产生认同、依附、参与和投入，对自己单位产生忠诚和责任的过程。

(2)在职培训。员工正式上岗之后，要接受由饭店安排的常规培训，以及由具体部门安排的针对各工作岗位的有关服务技能的培训。培训内容既有关于消防、安全、职业道德等，也有关于员工独立完成岗位工作所需的语言技能、服务程序、服务设施设备使用、对客服务技巧等，以提高他们的业务技能和业务水平，保证高质量的对客服务和饭店的良性运转。在职培训通常有较强的延续性和系统性，可由浅入深、循序渐进地提高员工的综合素质，将他们培养成适应现代饭店服务与管理的骨干人才。在职培训是一个贯穿于员工职业生涯、使员工的工作胜任力不断提高、培训成本比较低廉的有效培训方式。在职培训具体的培训方式还有指导员教练法、特别工作指派法、工作轮换法等。

(3)脱产培训。饭店和前厅部选派员工脱产外出参加专项业务学习或培训，培训内容涵盖业务技能和管理理论等各个方面。这是饭店或前厅部培养业务骨干的一种重要手段。饭店在安排员工参加脱产培训时既要注意培训时间的安排，同时要妥善安排人力，以分担外派培训人员的工作，避免影响前厅部的正常运转和对客服务。

(4)转岗/晋级培训。前厅部员工因故调动工作岗位或因工作表现出色得到晋升之前所接受的相应培训。培训内容根据员工新的工作岗位或职位而定，既可能是员工所熟悉的业务技能和知识，也可能与其原来工作有一定联系，还可能是员工完全陌生的知识和技能，但无论什么内容，对员工来说都是一种挑战。

(四)培训的流程

前厅部的员工培训必须具有高度的计划性，按照程序按部就班地实施。

1. 了解培训需求，确定培训主题

前厅部经理和各岗位主管应加强对员工的管理和对客服务流程的控制，及时发现员工工作中存在的缺陷和不足，了解客人不断变化的需求和饭店服务程序中的问题，并以此作为培训员工的契机，确定各岗位培训的主题，有针对性地进行培训准备。

例如，某饭店客人近期对总机话务员服务态度和礼貌用语有较多意见和投诉，前厅部经理及时了解到这一情况后责成总机主管尽快整改，并以此为契机，在前厅部开展了以“提高职业道德水平，微笑礼貌服务”为主题的素质培训。

同时，前厅部经理调查同期客人投诉发现，客人对一些骚扰电话的投诉占较大比例。通过仔细分析，发现总机话务员转接客人电话的工作程序存在漏洞，缺乏对客人外线电话的过滤和控制。针对这一情况，前厅部管理人员对前厅各个岗位的工作和服务程序都重新进行了分析和评估，修补了其中存在的漏洞，并对服务程序进行了相应的调整和修改，接着开始培训员工掌握新的程序。

2. 制订培训计划，确定培训目标

在确定了培训主题之后，前厅各级管理人员必须制订切实可行的培训计划，确定培训目标。培训计划应包括培训负责人员、参加培训对象、培训主题和主要内容、培训计划时间、培训目标和考核办法等内容。培训目标难度适中，既要具有可行性，也要具有挑战性，确保员工经过努力能够达到。培训目标应考虑到员工短期、中期、长期的不同发展，循序渐进、逐步实现。

3. 选择培训方式，确定培训内容

培训计划制订之后，应由培训实施人员确定培训的主要内容，准备相关的培训材料，确定培训的方式和场地。

培训内容应紧密结合培训主题和实际需要，保证实用、实际、实在，相关资料应全面翔实，通俗易懂。前厅的培训内容主要包括饭店基本常识(主要产品和服务项目、收费标准、营业时间等)，饭店从业人员职业道德，外事接待礼仪，各部门、各岗位业务技能、服务程序，各类服务设施、设备的使用与维护，以及计算机操作、保安消防、服务用语等知识，既包括完成本岗位工作所需的知识与技能，也涉及不同岗位、部门间的知识与技能。以前厅部培训为例，接待、预订、问询等岗位员工，不仅要接受本岗位的专业培训，同时还要接受几个不同岗位间的交叉培训，以掌握多种服务技能，胜任多个工作岗位。

饭店外派员工参加的岗前培训和脱产培训大多安排在饭店以外的专门机构或场所进行，而饭店组织的岗前知识和职业道德培训及各部门组织的业务培训基本在饭店内部完成。前厅部的在职业务培训大多直接在业务岗位上进行实际演示和说明。

4. 召集培训人员，实施培训作业

培训组织人员根据拟定的培训计划，通知、召集参加培训人员。开始培训前应向参加培训的员工充分说明培训的必要性和对他们个人发展的益处，提高他们参加培训的积极性和主动性。培训应注意避免使用过分死板生硬的方法。培训材料应以文字材料为主，由培训实施人员讲解和辅导；帮助被培训员工在计划时间之内完成培训计划，达到培训目标。

5. 考核受训员工，检验培训结果

培训计划完成后，由培训实施人员对参加培训的员工进行考核。合格者予以奖励；不合格者要再次接受培训，并在限期内达到培训目标。若再次考核不合格者则可考虑调换其他工作。

培训组织者还应对培训效果进行相应的评估：培训目标的设定是否符合饭店、前厅部和员工的实际情况；培训方法是否有利于员工掌握培训内容；是否取得预期的培训效果。假如答案是肯定的，就应该总结成功经验以指导以后的培训工作；假如答案是否定的，就必须认真分析原因，调整并纠正培训过程中的偏差，防止今后的培训工作再犯类似的错误。

四、前厅员工考核

人力资源管理最直接的目的是选拔和使用好人才，充分发挥人的潜能和积极性，为完成组织目标服务。员工的考核为本企业制定人力资源规划、政策等提供依据；是组织对员工的岗位调配、升迁和淘汰的重要依据；是组织建立合理的薪酬制度和进行薪酬管理的依据；也是激励、控制员工的重要手段。员工考核与组织和个人利益都息息相关，客观公正考核评价员工，是人力资源管理的重要课题。

(一)绩效与考核

员工考核通常又称为绩效考核或绩效考评。因此考核是与绩效相联系的一个概念。一般来说，绩效是指一个组织或个人追求目标的过程中的行为表现或(和)行为的结果。绩效又分为部门绩效和员工绩效，部门绩效是指组织部门在任务数量、质量及效率等方面的完成情况；员工绩效是员工个人经过考评的工作行为、表现及其结果。由此，绩效考核，是组织依照预先确定的标准和考核程序，运用科学的考核方法，按照考核的内容和标准，对考核对象（前厅员工）的业务素质、工作成绩进行的定期或不定期的考察和评价。

（二）员工考核的标准

前厅员工考核应依据一定的标准。较为完整的绩效考核标准应该包括四个方面的内容：工作业绩标准、工作行为标准、工作能力标准、工作态度标准。标准的制定应遵循科学的原则。

1、考核标准内容

（1）业绩标准。业绩标准是对员工的工作和履行职务的结果进行考核的标准。它反映的是员工对组织的贡献大小，是一种结果标准。业绩标准主要由一些能够以数量、质量、资金进行衡量的标准构成，如前厅部的销售收入和接待人次总量等。

（2）行为标准。行为标准是对员工在工作中表现出的相关行为进行考评和评价的标准。行为标准是一种过程标准，结果来自于过程的理念是我们关注过程的一个重要原因。行为评价以频率或次数等为依据对员工进行评价，如：前厅部门员工的出勤率、事故率、违纪违规次数、顾客访问人次、顾客投诉率、合理化建议采纳次数等。

（3）能力标准。能力标准是考查员工在工作职务中能力体现的标准。能力考评是一种素质适应性考评，是聘任选拔工作的继续。能力标准主要以主观性评价的方式体现，如与前厅部门工作相关的技能主要包括：人际沟通能力、推销能力等，评价时可以是“强、一般、需要改进、差”等。

（4）态度标准。态度标准是对员工在工作中付出的努力进行衡量的一种考评标准。态度标准属于衡量工作动力的一种特征标准，前厅部门常用的考核指标有：主动性、敬业精神、自主精神、团队精神、进取精神、忠诚度、责任感、事业心、自信心等。工作态度是推动工作能力向工作成果转化的中介变量。另外态度标准也是一种主观评价式的标准。

2、制定标准的原则

目标管理理论认为，制定合理的绩效标准应该遵循 SMART 原则。

Specific：用清晰的语言明确的定义绩效标准，使员工和上司都能理解。

Measurable：通常包括定量化的目标和可评估的定性结果。通过精确的词语来描述定性目标，然后可以进行相应的定量测定。

Agreed：管理者定义目标，要有员工的参与。管理层强加的目标不是员工的目标，不能为员工所接受，所以这样的目标被实现的可能性很小。

Realistic：目标应力求公平公正。如果给某个员工设置的目标轻而易举就能达到，而给另一位员工设置的目标不能达到，这不仅是不公平的目标设置，也会使两个员工都失去工作的动力。

Time—related：目标完成时间的规定应该是清晰一致的，目标具有时限性。

以 SMART 原则进行考核标准的设定是比较科学合理的方法。

小贴士

大中型商务饭店前厅部主要岗位工作效率标准

工作项目	工作效率	每日工作量
散客预定	≤5 分钟	≥90
散客登记	≤5 分钟	≥90
电话问询/住客查询	≤3 分钟	≥150
电话留言	≤3 分钟	≥150
行李服务	≤10 分钟	≥50
转接电话	≤0.5 分钟	≥900
结账服务	≤5 分钟	≥90
外币兑换	≤8 分钟	≥50

(三)员工考核的方法

员工考核的方式有以下几点。

1. 排列法

排列法又称排序法、简单排列法，是绩效考评中简单易行的一种进行综合比较的方法。它通常是由前厅部上级主管根据员工某段时期内工作的整体表现，按照优劣程度对员工依次进行排列。有时为了提高其精度，也可以将与测评相关的工作内容进行适当的划分，分项按照评定优劣程度进行的排列，再求平均的次序数，作为绩效考评的结果。

这种方法的优点是简单易行，花费时间少，能使考评者在预定的范围内组织考评并将下属的表现进行排序，以防止考评结果过宽和趋中。排列法的考评结果可以作为薪酬调整或人事变动的依据。但是，由于排列法是相对性的方法，考评是对员工进行的主观比较，不是用量化的指标来评定员工工作的表现，因此具有一定的局限性：不能用于比较不同部门的员工，个人业绩相近时很难进行对比排列，员工得不到关于自己优点和缺点的反馈。

2. 选择排列法

选择排列法也称交替排列法，是简单排列法的推广。选择排列法利用的是人们注意极端、不注意中间的心理，在所有员工中，按照某一特定的绩效维度，或者根据员工的整体绩效状况，首先挑出最好的员工，然后挑出最差的员工，作为第一名和最后一名，接着在剩下的员工中再选择出最好的和最差的，分别将其排列在第二名和倒数第二名。以此类推，最后将所有员工按照优劣的顺序全部排列。

选择排列法是较为有效的一种排列方法，采用这种方法时，不仅可以帮助上级直接完成排序工作，还可以将其应用到自我考评、同级考评和其他考评之中。

3. 成对比较法

成对比较法亦称配对比较法、两两比较法，此法要将全体被考评员工逐一配对比较，按照在两两比较中被评为较优的次数的多少确定等级名次。其基本程序是：首先，根据某种考评要素，如工作质量，将所有被考评人员两两进行比较，按照被评为较优的次数进行排列；然后再根据下一个考评要素进行两两比较，得出这一要素被考评人员的排列次序；以此类推，经过汇总整理，最后求出被考评者所有考评要素的平均排序数值，得到最终考评的结果。

成对比较法是一种系统比较程序，有一定的合理性。应用此法时，能够发现员工在哪些方面表现比较出色，在哪些方面存在明显的不足和差距。当涉及的人员范围不大、数目不多时宜采用本方法。但如果员工的数目过多，不妨设总人数为 n，仅对某一个要素进行两两配对，其配对的次数将达到 $n(n-1)/2$，这样不但费时费力，其考评质量也将受到制约和影响。

小贴士

成对比较法的示例

	A	B	C	D	E	F	排序
A	0	＋	＋	＋	＋	＋	6
B	－	0	＋	＋	－	＋	4
C	－	－	0	－	－	＋	2
D	－	－	＋	0	－	＋	3
E	－	＋	＋	＋	0	＋	5
F	－	－	－	－	－	0	1
汇总	－5	－1	＋3	＋1	－3	＋5	

4. 强制分布法

强制分布法也称强迫分配法、硬性分布法等，假设员工的工作行为和工作绩效整体呈正态分布，按照状态分布的规律，可推出员工的工作行为和工作绩效好、中、差的分布的比例关系，处于中间状态的员工应该最多，而处于两端的员工相对较少。强制分布法就是按照一定的百分比，将被考评的员工强制分配到各个类别中。从实务操作来看，类别一般可以分为五类，从最优到最差的具体百分比可根据需要确定，可以是 10%，20%，40%，20%，10%，也可以是 5%，20%，50%，20%，5%。

强制分布法适合在人数较多的情况下进行总体状况的评估，简易方便，可以避免考评者过分偏宽、偏严或高度趋中等偏差情况的发生。不过此法只能评定出整体情况，在总体偏优或偏劣的情况下，难以确切地判断出每个员工的表现。

5. 行为锚定等级评价

行为锚定等级评价法也称为行为定位法、行为决定性等级量表法或行为定位等级法。在同一绩效维度中存在一系列的行为，每种行为分别表示在这一维度中的一种特定绩效水平，通过一张行为等级评价表将绩效按等级量化，可以使考评的结果更有效、更公正。

小贴士

前厅部门员工顾客接待行为等级量表

	5分	一位顾客面带不满，声称昨日入住的房间某种条件不好，要求提前离店。能迅速察觉顾客情绪，圆满地为顾客服务，使顾客大受感动，当场表示续订房间。
一位顾客面带不满，声称昨日入住的房间某种条件不好，要求提前离店。能技巧地为顾客退换，表示歉意，顾客表示满意。	4分	
	3分	一位顾客面带不满，声称昨日入住的房间某种条件不好，要求提前离店。能友好接待，并同意为其退房。
一位顾客面带不满，声称昨日入住的房间某种条件不好，要求提前离店。能予以接待，对顾客情绪不够敏感，言辞有失，只顾强调房间质量。	1分	
	0分	一位顾客面带不满，声称昨日入住的房间某种条件不好，要求提前离店。丝毫未顾及顾客情绪，先是只顾拒绝推辞，随后又指责顾客自己挑剔。

(四)考核面谈

定期考核结束后，考核者(前厅部经理或主管)要与被考核者进行面谈，向被考核者表明考核结果，就考核结果向被考核者解释说明，被考核者可以在面谈时对考核意见提出自己的看法，促使考核者与被考核者双方达成一致意见，被考核者取得表现较差的员工改进工作的承诺或对表现好的员工进行激励。为了面谈能取得良好的效果，考评者应当掌握一些面谈的技巧：

第一，批评时应注意对事不对人，切不可进行人身攻击。

第二，尽量不要涉及其他员工，尤其不要在面谈的员工面前批评或表扬其他员工，以免制造矛盾，引起员工之间的不团结。

第三，面谈时要集中思想，注意聆听员工的谈话内容，建立起双方相互信任的良性沟通。如果面谈时心不在焉，会使员工对评估者的诚意产生怀疑，继而失去信任。

第四，要注意谈话的用词，尤其是在对员工进行批评时，必须注意词汇的选用。切忌在被考评者情绪激动时，对其提出对抗性的指责，以免双方发生冲突。

第五，考核应该反映出员工的真实情况，当被考评者对考核结果不满意时应耐心听其解释。

第六，面谈过程中，强调员工的长处，即使是表现欠佳的员工，在结束面谈时也应该用积极的话语加以鼓励。但是对员工的不足之处，也应该严肃地指出。

第七，创造轻松的氛围，避免他人或噪音的干扰，使沟通更自由。

(五)考评注意事项

1. 考评必须客观、公正

考评者对考核工作必须严肃认真、客观公正。以日常考核和员工的工作表现为依据，绝不能主观臆断，凭印象或个人好恶进行判断。

2. 鼓励对话

考评过程是为饭店经营管理活动提供反馈信息的途径和上、下级之间的沟通渠道。单向的考评容易引起职工的不满、最终与考评的宗旨背道而驰并影响员工的工作情绪，因此，与被评估者面谈时，应当鼓励被考评者提不同意见或看法，而不能压制。

3. 不能有报复思想

考评的目的是向被考评者真诚地指出缺点，向其提出改进的方法和应努力的方向，热情地肯定其优点，提出要求和希望，切忌将考评当成整人的平台。有些管理者对员工在平时工作中表现出的缺点和毛病，不及时指出或进行善意的批评，而是积累起来，在考核时"算总账"，这样的做法是极其错误的。这样难以实现考评的目的，无法对员工工作起到促进的作用。

五、前厅员工的激励

人力资源管理除了能够将合适的人员配置到合适的岗位中，还要能留住员工并让员工努力工作。解决这些问题的关键是要充分发挥人力资源管理工作的另一个重要职能——激励。在饭店这一经营环境中，可以把激励理解为：能激发员工工作的积极性，使其充分发挥自身的能力，最终实现饭店经营目标的动力。要成功地对员工进行激励，既需要了解激励的理论，也需要掌握激励的方法和手段。

(一)激励理论

1. 内容型激励理论

做好激励工作重要任务之一就是要认识到能激励员工的各种因素，利用现有的条件为前厅部员工创造良好的工作环境，充分调动他们的工作积极性和主动性，确保饭店和前厅部工作圆满完成。这样的有关激励因素的理论被称为内容型激励理论。

(1)需要理论

对人类需要进行论述的理论，首推美国心理学家马斯洛的需要层次理论。这一理论，半个多世纪以来流行甚广，是国外心理学家试图揭示心理动力规律所运用的主要理论。马斯洛认为，追根溯源，人类多种多样的需要可归纳为五大类，并按照他们发生的先后顺序分为五个等级，分别是：生理需要、安全需要、归属需要、尊重需要和自我实现的需要。如果将这五种需要与管理制度和措施相联系。

需要层次与管理制度、措施

需要的层次	诱因(追求的目标)	管理制度与措施
生理的需要	薪水、健康的工作环境、各种福利	身体保健(医疗设备)、工作时间(休息)、住宅设施、福利设备
安全的需要	职位的保障、意外的防止	雇佣保证、退休金制度、健康保险制度、意外保险制度
归属的需要	友谊(良好的人际关系)、团体的接纳度、与组织的一致性	协谈制度、利润分配制度、团体活动制度、互助金制度、娱乐制度、教育训练制度
尊重的需要	地位、名分、权力、责任、与他人薪水的相对高低	人事考核制度、晋升制度、表彰制度、奖金制度、选拔进修制度、委员会参与制度
自我实现的需要	能发展个人特长的组织环境，具有挑战性的工作	决策参与制度、提案制度、研究发展计划、劳资会议

美国耶鲁大学教授阿尔德弗加工了马斯洛的需要层次理论，他把人的需要归纳为生存需要(Existence)、关系需要(Relation)和成长需要(Growth)。由于这三种需要的英文名称的第一字母分别是E、R、G，因此该理论又被称为ERG理论。除了像马斯洛那样，强调这些需要有按次序发展的规律外，阿尔德弗还认为追求某个高层次需要的失败会导致个体在对低一等级的需要追求时对成功的渴望会增强。比如，一位员工希望能升任前厅部经理以满足其成长需要，但是他一直没有达到，于是他很有可能转而强调他的关系需要。

美国哈佛大学教授麦克利兰，从另一个侧面研究论述了人们的高层次需要，并提出了他的成就需要理论。麦克利兰把人的高级需要设定为权力、合群和成就的需要，并以成就需要为主导。成就需要是追求卓越以实现目标的内驱力。具有高成就需要的人，对工作的成功有强烈的欲求，他们乐于甚至热衷于挑战性的工作。这种人喜欢长时间地工作，即使失败也不过分沮丧。一般来说，他们也喜欢表现自己。麦柯里兰用投射测验的方法来发现具有成就需要的个体，他认为能为高成就需要者提供激励的工作所具有的特征是：有个人责任、能够提供及时的反馈和中等难度或冒险度的工作任务。

(2)XY理论

在观察了管理者对待员工的方式之后，麦格雷格认为管理者的人性假设决定了他们对待员工的方式。麦格雷格严格地区分两种不同的管理人性，一个称为X理论，一个称为Y理论。在X理论下，管理者的假设是：人类本性懒惰，厌恶工作，尽可能逃避工作；绝大多数人怕负责任，多愿被领导；多数人必须用强制办法乃至惩罚、威胁进行管理，使他们为达到组织目标而努力；工作只是为了满足基本的需要，绝大多数人没有雄心壮志。传统的组织结构、管理政策、措施和计划都体现了该假设。所以通行的激励措施是一靠金钱刺激，二靠严厉惩罚。

麦格雷戈是以批评的态度对待X理论的，指出：传统的管理理论脱离现代化的政治、社会与经济来看人，是极为片面的。这种软硬兼施的管理办法，其后果是招致职工的敌视与反抗。针对X理论假设的错误，麦格雷戈提出了相反的Y理论。在Y理论下，管理者的假设是：人们从事工作和劳动，如游戏和休息一样地自然；如果人们对目标做出承诺，他们会自我指导和自我控制去实现目标；多数人接受甚至寻求自己的工作责任；进行创造性决策是人类广泛所具有的能力，没有必要由管理者为他们提供。

对比麦格雷戈的人性管理的分析理论和马斯洛的需要层次理论，我们不难理解：X理论假设意味着人由低层次的需要支配，Y理论假设意味着人由高层次的需要支配。麦格雷戈认为Y理论比X理论更有效。所以，他建议通过参与决策、建立良好的群体关系和赋予较多的责任和分配给挑战性工作等方式来激励员工。但遗憾的是，并没有证据表明这两种理论哪种更有效。

(3)双因素理论

双因素激励理论，又称激励—保健因素理论，由美国的心理学家赫茨伯格提出。抱着工作态度决定工作成败的信念，赫茨伯格和他的助手们在美国匹兹堡地区对二百名工程师、会计师进行了调查访问。他们要求人们进行细节性的描述，在工作中，哪些事项是让他们感到满意的(feel good)，并估计这种积极情绪持续了多长时间；又有哪些事项让他们感到不满意(feel bad)，并估计这种消极情绪的持续时间。赫茨伯格以对这些问题的回答为材料，着手去研究哪些事情使人们在工作中获得快乐和满足，哪些事情造成不愉快和不满足。结果他发现，使职工感到满意的都是工作本身或工作内容方面的；使职工感到不满的，都是工作环境或工作关系方面的。他把前者叫做“激励因素”，后者叫做“保健因素”。“保健因素”包括公司政策、管理措施、监督机制、与监督者的人际关系、工作环境、工资、个人生活、与同级的关系等。当这些因素恶化到人们难以接受时，就会产生对工作的不满意。但是，当人们认为这些因素很好时，人们只消除了不满意的情绪，并没有因此产生积极的态度，这就形成了一种既不是满意，又不是不满意的中性状态。能带来积极态度、满意和激励作用的因素叫做“激励因素”，是能满足个人高级需要的因素，包括：成就、赏识、挑战性的工作、增加的工作责任，以及成长和发展的机会。如果这些因素具备了，人们就能感受到更大的激励。

从这个意义出发，赫茨伯格认为传统的激励假设，如工资刺激、人际关系的改善、提供良好的工作条件等，都不会产生更大的激励；它们能消除不满意，防止产生问题，但这些传统的“激励因素”即使达到最佳程度，也不会产生积极的效果。按照赫茨伯格的意见，管理当局应该认识到保健因素是必需的，不过它一旦与不满意中和后，就无法产生更积极的效果。只有“激励因素”才能使人们有更好的工作成绩。

对旅游饭店业从业人员来说，饭店工作的选择可能是受到诸多因素影响的结果。同传统产业相比，饭店业尤其是旅游饭店工资、福利、工作环境都相对较好，行业发展前景广阔，员工还可接触不同文化，增长见识，有较多的个人发展机会，这些都是吸引人们进入饭店业的因素。但饭店工作也有不尽如人意之处，如劳动强度较大，工作时间较长，工休和假期常同个人生活安排相冲突，经常需要加班，规章制度严格，内部等级森严，缺乏良好的人际沟通等，这些因素又使相当一部分人放弃饭店工作。

前厅部人力资源管理的重要任务之一就是要认识到激励员工的各种因素，结合饭店和前厅部的实际情况，仔细观察、认真分析员工的个人需要，利用现有条件为前厅部员工创造良好的工作环境，充分调动他们的工作积极性和主动性，确保饭店和前厅部工作的顺利开展。

2. 过程型激励理论

除了产生各种激励作用的激励因素，激励过程本身也可能影响对员工的激励效果，因此有关激励的理论还包括过程型激励理论。

(1)期望理论

说到过程型激励理论，就要从美国心理学家弗罗姆(V. H. Vroom)期望理论说起。弗罗姆于 1964 年在《工作与激励》一书中提出了他的“期望理论”，这一理论通过考察人们的努力程度与其所获得的最终奖酬之间的因果关系来说明激励过程，并通过选择恰当的行为目标以实现激励。弗罗姆的期望理论基于这样一个基本发现，激励取决于行为主体对目标的理解和重视程度。因此激励的公式可表示为：激励＝效价×期望(M＝V・E)。激励(Motivation)是对行为动机的激发力度，可以理解为一个人被激发起来的积极性；效价(Valence)——对目标价值的主观估计，其取值范围可规定为－1～1；期望(Expectancy)——对实现目标的主观概率即一个人对目标实现的可能性的主观估计，取值范围为 0～1.0。

期望模型

个人努力 → 个人绩效 → 组织奖励 → 个人需要

比如，某饭店的某个新员工，正期望着获得上司的青睐。他知道，别人的工作做得好，上司都会称赞，但是上司对他只是批评。他不知道上司到底要他做什么。按照期望理论，这是在个人绩效和组织奖励的关联环节出了问题。

(2)公平理论

对于处在工作场景中的人来说，他们体会着个人所获得的大量回报，当然他们也不断评估着自己贡献的投入。这里的回报包括他们的工资、福利、对和他们一起工作的人的好感、工作的有趣、自豪和尊重等。投入可能包括一个人的时间和精力，糟糕的环境或上司、对枯燥的工作或任务的容忍，等等。

亚当斯通过大量的研究发现：组织中的员工对自己的投入与回报的相对值是极其敏感的，他们会通过与他人的比较来形成对自己的投入与回报的所谓的公平的理解和感受。公平交换公式如下。

自己得到的回报/自己的投入＝他人得到的回报/他人的投入

通常如果一个员工在与他人(通常是自己的同事)的比较中，经常感到吃亏，将被大大挫伤积极性。若当事人感到自己的回报/投入比例小于比较者，便会产生吃亏感。这时，当事者往往采取下列方式以求恢复公平感：①采取相应对策，改变自己收付比例，如减少工作投入、降低工作质量与数量，或者要求增加收益，以求达到平衡。②采取进一步行为，减少参照对象的收益或增加其投入，改变其收付比例，以求平衡。③改变参照对象，即所谓“比上不足，比下有余”，获得认知上新的平衡。④发牢骚、泄怨气，甚至放弃、破坏工作。

这就是说一个人的行动很容易受到别人“做了什么和得到了什么”的影响，一旦这种不公平产生了，他所得到的奖酬和回报的绝对值以及事情本身都可能失去意义。研究表明，一旦员工感到自己受到了“不公平”的待遇，他们的工作热情会消减，工作责任心和工作效率都会不同程度地下降，同他人的人际关系也会趋于紧张，严重的还会采取“怠工”“辞职”等极端方式。

（二）激励方法

理论需要与实践相结合，在具体工作中，前厅部经理及各级管理人员应注意平时多与员工交流沟通，多观察员工表现，多了解员工心理，多关心员工生活，找准员工的实际需要，应用多种激励方法，以达到激励员工、提高工作业绩的目的。

1. 物质激励

物质激励属于“保健因素”对本身收入水平不高的基层员工来说，一定数额的奖金、实物及工资调整等具有相当的激励作用。

前厅部预订、接待等负责客房销售的岗位，常采用销售提成的方法激励员工。在前厅部范围内评选优秀员工和“销售状元”，并给予一定的物质奖励；再有，就是对受到客人表扬的员工予以物质奖励，鼓励员工提高服务水平，保证服务质量，以上都属于物质激励。

另外，根据公平理论，物质奖励一定要遵循“公平、公正、公开”的原则，这样才能实现激励的目的，否则只会适得其反。另外，单纯运用物质激励这种“保健因素”不能实现长期有效的激励目标，只有结合其他激励方法才能实现长久有效的激励。

2. 福利与保障

员工福利和其他保障可以提升员工的安全感，也是一种保健性质的激励手段。对国内一些中年员工来说，这一点具有相当的重要性。饭店的各项福利和保障一般包括住房补助、医疗保险、养老保险、工作餐、带薪假期、加班补助，以及女职工的带薪产假、哺乳假等多项国家法律规定的福利项目。此外，劳动合同的连续性和延续性也是饭店向员工提供的一种保障。员工更希望从饭店提供的各项福利和保障措施中看到工作的长期性和稳定性。缺少工作的长期性和稳定性，单纯的高工资并不能保证员工对饭店和工作有信心，也必然无法提高他们的工作积极性，所以优越的福利待遇和完善的保障措施是饭店稳定人心、提高士气的关键。

3. 情感激励

从员工情感和归属的需要入手，通过多种方式加强与员工的沟通和交流，获得彼此的信任和信赖，创造和谐的工作氛围，这种方法属于情感激励。

RAMADA 饭店集团有一句口号：“我们是一家人。”这样做就是要使饭店的所有员工在工作中感受到家庭似的温暖和关心，从而能安心工作，努力工作。饭店各部门的各级管理人员应该利用各种机会加强同员工的思想沟通，关心员工的生活，拉近管理者同普通员工之间的距离，取得员工的信任和理解，使整个饭店从上到下都为同一个目标而努力，为饭店创造最佳业绩。

常见的情感激励方式有：同员工聊家常，了解并解决他们的困难；组织员工参加各种文娱体育活动，与他们同乐；到员工食堂同员工一起用餐；慰问加班、生病员工等。

4. 成就激励

除了利用物质和情感激励之外，还可以用工作本身来激励那些有较强责任心、进取心和工作表现突出的优秀员工，激发员工的成就感和对挑战的渴望，促使他们发挥最大的潜力。调整员工工作岗位、增加工作量、扩大责任范围、给予决策权等，对某些员工来说是极大的鼓励和肯定，可以促使他们更加努力勤奋地工作。

比如，给予预订员或接待员一定的折扣权限，由他们作出销售决策，可以激发他们的销售欲望和热情，能够较为明显的提高客房的销售量；安排某些员工独立工作或带班，能够激发他们的工作责任心和荣誉感，从而使他们更加认真地完成本职工作。此外，还给员工设定具有一定难度、通过努力才可以实现的工作目标，实行“目标激励”。

但需要注意的是，若采用利用工作本身来激励员工的方法，对员工的人性假设为“Y 人”，需要以员工具备相应的工作能力和管理能力为前提，否则将影响工作的正常开展。

5. 培训与晋升

培训和晋升是促使员工不断进取、努力工作的重要激励方法。绝大多数员工都希望通过自己的工作表现获得培训和晋升的机会，以求在事业上取得进一步的发展。由于员工对于培训和晋升有不同程度的期望，管理者应表明，只有努力工作的员工才可能获得各种机会。这样，有助于激励员工为实现个人目标而勤奋工作，最终实现饭店和前厅部的组织目标。

在这方面，由一些国际饭店集团管理的饭店做得较好。如喜来登饭店集团在招聘新员工时就根据员工不同的基础条件，为他们设计了一个系统的培训计划，并向他们指明了晋升阶梯、晋升条件和个人事业发展的可能性，从而加强他们对饭店、对前厅部和对本职工作的信心，使他们安心勤奋地工作。

想一想

对于员工流动性比较大的饭店业来说，你认为应该通过哪些激励手段来提高员工的忠诚度？

案例与思考

人事管理与人力资源管理

李强大学毕业后就在某家大型饭店的人事部找到了一份办事员的工作。当有人问他那些年在人事部都干了些什么时，他微笑着用嘲弄的口吻答道：“教人鞠躬时如何抬臂啦，教人如何打扫公司停车场啦等，或者让每人在逢年过节或生日的时候能得到一份礼物。”

不过现在，李强已经升任这家饭店的前厅副经理了，他知道以前的人事部已经不叫人事部了，取而代之的是另一种很有影响力的称呼——“人力资源部”，而且他也知道现在的人力资源部不仅仅是一个教人鞠鞠躬或者派发生日礼物的部门，现在的人力资源部做着更有价值的事情。比如，最近人力资源部门出台了一项新的政策，叫“自我激励计划”，就是在一定程度上改变过去较为死板的直线管理模式，由自我管理的团队来更为自主全面地完成工作计划。他发现有些试点团队运作得很好，有些却出现了“三个和尚没水喝”的局面。曾经他也埋怨过手下人没有能力，但人力资源部的经理要求他们的职业经理人树立“没有不好的员工，只有不好的老板”的理念，既做过人事工作又时任前厅副经理的李强，现在深有感触，认为对人的管理真是一件很难很难的事情。

思考：

现在的人力资源管理与以前的人事管理有什么区别？现代前厅人力资源管理应树立什么样的理念，为什么？

综合实训

赵刚是一名前厅部经理，他需要为他的部门招聘合适的员工。他知道组织一些问题用来考查求职者是否具有与工作需要相适应的个人素质的方法，通常是有效的。因此他根据工作说明书罗列出一系列的要点来指导初选后的面试。根据他的总结，他希望选拔出的人具有外向的性格、有耐心、愿意接受建议性批评、有高超的推销手段。请你确定一些面试题目，帮赵刚考察候选人，并现场模拟面试。

任务二 MISSION2 前厅部制度管理

任务描述

前厅部制度管理主要是从岗位人员日常管理和全面落实各项业务工作的角度出发，对岗位人员的日常行为作必要的规范和强调，对落实的各项标准或任务作必要的补充和说明，从而确保前厅部员工能够自觉按照日常管理的相关规程规范、规则规定等统一行动和开展工作，为实现本部门各项工作目标提供辅助支持。前厅部门制度管理主要包括：例会制度、奖惩制度、部门沟通制度。

一、例会制度

(一)目的

前厅部门业务繁杂，工种繁多，管理任务繁重，实行例会制度是保障本部门良性运转的有效措施。

第一，实现有效管理，促进部门内部的沟通与合作。

第二，提高部门完成工作目标的效率，追踪工作进度。

第三，集思广益，提出部门开展工作和改进工作的新方案。

第四，协调部门内部的工作流程、工作进度、人员及设备。

第五，反馈部门或员工个人工作业绩，激励员工。

(二)例会组织的要点

第一，召开会议前，会议主持人要明确会议主题、会议时间、会议地点，参加会议人员范围。

第二，明确会议纪律，对违纪者按规定进行处罚。如要求准时参加各种例会，任何人不得以任何借口拒绝参加会议，因故不能参加会议的必须事先请假，参加会议人员要态度端正、关闭手机、自觉维护会场秩序等。

第三，做好会议记录，会后及时分发和反馈会议记录要点。

第四，集体决议，要鼓励与会者发言，会议领导不能事先表态。

第五，会议主持人要紧紧抓住会议主题，控制会议进度，避免会议时间过长而没有效果。

(三)例会类型及组织

前厅部门根据组织发起的层次、内容、时间等不同可以分为不同的类型；会议类型不同，例会组织也有一定的区别。

1. 部门经理办公会

(1)会议组织：前厅部行政办公室。

(2)会议主持人：前厅部经理，总经理若因公出差无法主持时，则由副总经理或指定公司高级干部代行职权。

(3)会议参加人：副经理、行政办公室文秘、前厅部各分部门领班及主管。

(4)列席人员：根据实际需要，确定其他有关人员出席。

(5)会议内容：

听取各分部门主管对所属工作的汇报，对完成有困难的工作集体协商，并寻找解决办法。

对工作中出现的问题及时跟踪改进，找出工作中失误的原因并及时改正、总结。

探讨本部门经营活动的最佳方案，并对各阶段经营业绩及时总结，以达到整体经营目标被实现的目的。

总结上期工作，并部署下期工作任务。

(6)会议记录人：行政办公室秘书。

(7)会议时间：时间为每月末 5 日内。

2. 管理例会

(1)会议主持人：前厅部副经理

(2)会议参加人：各分部门领班或主管、办公室秘书。

(3)列席人员：视实际需要而定，邀请其他人员。

(4)会议内容：

协调各分部门工作进度，使各项业务活动按照预期目标有序进行。

对涉及分部门较多、对本部门整体有较大影响的问题应集体探讨，集思广益，寻求解决问题的方法。不能达成共识时，上报部门总经理办公会，请总经理裁决。

追踪并改进日常管理工作。

(5)会议记录人：办公室秘书。

(6)会议时间：时间为隔周周五下午或周一上午。

3. 部门全体例会

(1)会议主持人：前厅部经理或者经理指定人员。

(2)会议参加人：部门全体员工。

(3)列席人员：视实际需要，邀请部门外部人员。

(4)会议内容：

本部门营运状况，日常工作进度以及将要采取的重大决策应向全体员工宣布，促使上下信息的沟通。

公布有关员工奖励或惩处措施，以求公开、公正、合理。

(5)会议记录人：行政部秘书。

(6)会议时间：时间为每季度初 5 日内。

4. 前厅部各分部门工作例会

(1)会议主持人：各分部主管或主管指定人员。

(2)会议参加人：分部门所有人员。

(3)列席人员：视实际需要，邀请其他部门人员。

(4)会议内容：

协调内部工作开展，及时发现工作中的问题，并及时解决。

所属工作有进展阻碍时，提出帮助请求，并集体讨论解决。

明确部门工作在前厅部整体经营活动中的进展状况，及时总结工作的经验教训并制定下期工作计划。

(5)会议记录：各分部门文职人员或副职。

(6)会议时间：时间由各分部门主管自行安排。每周至少 1 次。

5. 早中班会

(1)会议主持人：各分部门主管或领班。

(2)会议参加人：各分部门所有一线员工。

(3)列席人员：视实际需要，邀请本部门外人员。

(4)会议内容：主管对当天工作安排的布置；晚上总结一天工作业绩以及安排第二天工作等事宜，做好会议记录，每天记录工作日志，作为工作考核标准。

(5)会议记录人：各部门主管或副职。

(6)会议时间：每天的早 7 点 30 分或晚 5 点 30 分。

二、奖惩制度

严格的奖惩制度，是激励员工的基本手段，也是对员工的行为进行塑造和控制的主要途径。奖励可以引导员工发生组织和部门所期望的行为，为其他员工树立榜样，激发员工的荣誉感和责任感，调动员工的积极性。惩罚也是管理中一种必不可少的方法。如果对违反纪律的行为不进行惩戒，就不能制止员工继续犯错。从另一角度讲，对错误行为的惩罚，也就是对良好行为的表彰。但对惩罚的使用一定要慎重，惩罚容易引起对抗情绪，只有奖惩结合才能取得良好的效果。

奖励的方式可以是加薪、发放奖金、颁发奖品、提供学习进修机会、晋升等，也可以是表扬、嘉奖或选为形象代表。惩罚的方式有警告、通报批评、罚款、罚薪、降职、解聘等。奖惩都要依据具体的事实或考评结果，应保证公平、公正、公开、合理，另外，惩罚还要注意循序渐进。

前厅部门在自己的职权范围内依据公司制度制定本部门的奖惩制度时，应注意以下几点。

第一，应该号召部门员工参与制定具体的奖惩制度，并由本部门全体员工大会通过。

第二，具体的奖惩制度应该与本部门全体员工共同学习，保证每位员工正确地理解全部信息。

第三，具体的奖惩制度应该保障一定的灵活性，体现人文关怀。

第四，具体的奖惩制度既应该具有稳定性，也应该具有一定的开放性，鼓励制度创新。

小贴士

前厅奖惩管理制度

为了加强与规范前厅管理，切实把前厅服务提升到一个新的水平，充分体现奖罚分明的原则，制定制度如下。

一、条例部分

(一)惩罚部分

1. 提前10分钟到岗，要求仪容仪表符合饭店规定，女员工化淡妆、工服整洁、皮鞋光亮，每违反一次罚款5元(扣0.1分)。

2. 不得迟到、早退，每迟到或早退一次(5分钟之内)罚款5元(扣0.1分)，超过5分钟罚款10元。

3. 不得无故空岗、串岗，每违反一次罚款5元(扣0.1分)。

4. 卫生工作必须一班一清，主管交班前检查一次卫生、交接班时再检查一次，如检查两次均不合格，当班人员每人罚款5元(扣0.1分)。

5. 不准带情绪上班，班中不准无精打采，要为客人提供微笑服务。不可在休息室内吃东西、看报纸，每违反一次罚款5元(扣0.1分)。

6. 严格准确地交接班，如由于交接班不清楚，导致客人不满的对当班人罚款5元(扣0.1分)，如出现客人重大投诉，当事人罚款50元(取消参加“服务之星”评先资格)。

7. 不得私自调班，如果确有需要必须事前申请，每人每月调班不得超过三次，如果私自调换班，对双方当事人每人罚款5元(扣0.1分)。

8. 前台工作人员严格按工作流程为客人办理预订、入住手续，熟悉协议价格及挂账单位有效签单人，每出现一次现金支取单，罚款10元(扣0.2分)。

9. 接营销办的会议通知单时，要做到准确无误，如因个人接单不清导致房间超额预订，每违反一次罚款20元(扣0.5分)。

10. 做好住客房及各相关办公室的电话升降级工作，如班内连续两次未及时为住客房升级，每违反一次罚款5元(扣0.1分)。

11. 商务中心人员严格按工作流程为客人提供服务，杜绝无关人员在商务中心逗留，每违反一次罚款5元(扣0.1分)。

12. 前厅各岗如被饭店、值班经理或部门通报，追查责任到人，一经查实，罚款30元(扣1分)。

13. 外管登记单要符合公安局要求，并按规定由当值早班送到公安局外管科，如出现退单或退盘，每次罚款10元(扣0.2分)。

14. 严格按规定时间完成部门下达的任务指标，每拖延一天，罚款10元(扣0.2分)。

(二)奖励部分

1. 主动为客人服务，得到客人口头表扬者，每次奖励10元(加0.2分)，受到客人书面表扬者，每次奖励50元(加2分)。

2. 如有会议、团队或重要接待而加班者，可以用下次提前下班的方式补偿。

3. 受到饭店表扬者，每次奖励50元(加2分)。

二、执行方式

1. 违反条例时，现金处罚与扣分同时进行，由部门开取罚款单，并请主管与当事人在罚款、扣分记录上双方签字确认。

2. 受到表扬奖励时，现金奖励与加分同时进行，由主管与当事人在奖励、加分记录上双方签字确认。

3. 罚金(奖金)以现金的形式交纳。

三、补充内容

1. 本规定需不断地完善，在日常工作中要根据实际情况进行增删，需大家多提建议。

2. 在日常工作中，相互监督，不断地提高服务水平，把工作提高到一个新的水平。

3. 本规定是评选“服务之星”日常行为规范类的考核依据。

三、部门沟通制度

及时、良好、有效的信息沟通除了沟通的技巧外，沟通制度也很重要。关于前厅部部门沟通，我们在本书前厅部沟通协调中已有所介绍，详细的内容不再赘述。鉴于部门沟通是组织设计和工作分析的重要内容，因此，工作说明书对部门沟通做了最基本的规定。部门沟通更为详尽的制度安排应根据部门的特点具体制定。

部门沟通制度一般可分为两个方面：一个是管理沟通制度；另一个是即时沟通制度。

(一)管理沟通

前厅部门管理沟通制度与其他部门类似，完善的部门管理沟通制度基本应包括：沟通形式、沟通渠道、沟通方向、沟通负责人、沟通内容、沟通时限、沟通规范等内容，请参照下面的案例。

案　例

×××饭店前厅部门管理沟通制度

一、沟通形式

(一)日汇报沟通

根据本饭店内部日汇报制度建立本部门日汇报制度。

1. 逐级汇报

秘书、副经理向经理汇报。

各子部门主管向其主管副经理汇报。

2. 汇报内容

本人当天从事和组织完成的具体工作、第二天工作计划，提出工作中存在的问题及建议等。要求工作汇报内容具体，语言简洁，讲求实际。

3. 汇报时间

各子部门汇报在当日17:00—17:30；部门汇报在次日8:30前(节假日除外)。

4. 汇报形式及要求

汇报采用口头、书面相结合的形式，书面汇报依据“工作日汇报总表”及公司统一制定的与本部门相关的分析报表。

(二)工作计划及工作总结报送

1. 上报对象

各部门经理(或主持工作副经理)、子部门主管。

2. 上报内容

工作计划及工作总结分为月度、季度和年度。

月度：本月度工作计划及上月度工作总结。

季度：本季度工作计划及上月度工作总结。

年度：半年(或全年)工作总结和下半年(或下一年度)工作计划。

3. 上报时间

每月第一周3日内。

4. 上报内容

总结上月(季、年)工作情况，包括重要项目进展情况，日常工作进展情况，存在的问题，安排下月(季、年)工作计划和实现计划的具体措施。

5. 上报形式

报送到部门办公室，行为要求按照公司统一规定。

(三)信息沟通

通过公司内部文件的分发和公司网上信息的传递达到沟通。本部门要加强网上沟通，充分利用公司网站提供的沟通平台进行交流。

1. 上报内容

按照公司要求，以下信息要求次日前上报：

(1)外事活动和上级领导视察的信息，由参与活动的部门供稿。

(2)重大活动(会议)，由活动(会议)组织或所涉及业务的部门负责。

(3)项目申报成功，由主要申报单位供稿。

(4)重大服务产品调整、人员责任事故等，由主管部门和各单位供稿。

(5)其他重要信息。

2. 上报方式

由部门通信员或秘书上报“网络信息部”。

(四)内部报纸

内部资料是公司展示企业文化、经营动态和员工精神风貌的媒介和窗口，是公司内上下沟通的重要的途径。根据公司制度，部门员工或管理团队成员要高度重视办报和投稿工作。编辑部将在年底对各部门和团队成员供稿者，给予奖励。

(五)会议沟通

见公司及本部门有关会议制度方面要求。

二、文件报送及建议(意见)回复时限要求

公司下发到本部门文件，需要报送相关材料的，以要求报送的日期为准，决不以任何理由拖延。本部门下发文件，需要报送相关资料的，以报送日期为准，截止日期前没有报送的，不再以任何形式进行通知。

三、制度的监督执行

办公室负责对每月工作的总结与计划上报和信息采用情况进行统计，对未提前说明原因又未按要求执行上报的人员，给予批评警告，并按相关考核制度扣罚分数。

（二）即时沟通

前厅部门好似计算机的内存，在这里它随时准备处理各种信息并把它们准确及时地传递出去。对于客人而言，因为他们首先接触前厅部门的员工，他们有事时可能首先想到前厅的人员，因此前厅部的即时信息沟通极为重要。加上前厅部门处于饭店中心位置，各部门都与前厅部相互影响，每个部门所提供的殷勤服务如整洁的客房、运转良好的设施、安全的环境、可口的餐饮、高效的餐桌服务以及对客人消费的计费等都有可能成为前厅部门需要了解的即时信息。保障即时信息沟通的责任在工作说明书或岗位描述书中已有所体现。前厅部具体的及时沟通制度应该在工作说明书或岗位描述书的基础上，根据部门特点制定具体的执行条例。其基本内容应涉及沟通的主体、客体、沟通的渠道及信息等，下面就主要要点总结如下：

1. 接待处与预订部的沟通协调

(1)接待处从预订部获得客人的订房资料。预订部将客人的预订资料输入电脑以后，在客人到店的前一天晚上将“预抵店客人”的预订单移交接待处。

(2)客人如果指定某一客房进行预订，预订处须与接待处联系，查看该房的使用情况。

(3)接待处应将每天实际抵店、延期离店、提前离店的客房数，临时取消客房数和预订却未抵店的客房数以书面形式报告预订部，以便预订部根据以上数据修改预订总表，确保客房预订信息的准确性。

2. 接待处与问询处的沟通协调

(1)接待处应将入住客人情况及时通知问询处，以便查询，信息沟通以手工操作为主的饭店通常以“入住单”的形式来沟通。

(2)如住客要求保密，则接待处与预订部要互通信息进行保密。

3. 接待处与收银处的沟通协调

(1)接待处应将已办理入住登记手续的住客账单交收银处，以便收银员及时建立账户，累计客账。

(2)接待处在给客人办理入住登记手续时，如果客人以现金方式付款，现金应由收银处处理。

(3)客人在住宿过程中如换房或房价变更，接待处应该以书面的形式通知收银处。

(4)在没有使用计算机管理系统的饭店，如客人退房或提前退房，收银处应及时通知接待处，以便更改房态。

(5)客人退房时，收银员应收回客房钥匙，并交回接待处。

(6)每天晚上，双方都应将白天的收入认真细致地核对，确保正确显示当天的营业收入。

4. 接待处与礼宾部的沟通协调

(1)在给客人办理手续后，通知行李员运送行李，并带客人进房间。

(2)行李员替接待处传递“换房通知单”和“入住单”。

5. 接待处与总机的沟通协调

(1)接待处将“入住单”由行李员传递给总机，方便总机进行住客电话的转接。

(2)如住客要求保密，接待处必须以书面形式通知总机。

(3)如团体客人要求叫醒服务。则以书面形式通知总机。

6. 预订部与收银处的沟通协调

如客人以预付押金形式保证订房，现金则应交由收银处进行处理。

7. 预订部与礼宾部的沟通协调

预订部将接车名单交礼宾部，由礼宾部安排车辆，并通知饭店代表去迎接。

8. 问询处与礼宾部的沟通协调

住客的留言、邮件，都由礼宾部的行李员传递。

9. 商务中心与问询处的沟通协调

商务中心收到住客的电传、传真等，一般都交问询处处理。

在前厅部门已经将本部门的即时沟通制度规定清楚的条件下，如果部门即时沟通仍然有问题，就应该进行组织培训或质量控制，以提升员工的沟通意识和沟通能力。

案例与思考

特别的激励方式

一大早，N饭店门前，前厅部的全体员工列成两排，服装统一、整齐，挺身直立，双手后背，眼睛平视有神。一位主管昂首挺胸，姿态端正，从容地从他们面前走过。一边走一边用洪亮的嗓音说道：“早上好!”员工也立刻整齐而响亮的回应道：“早上好!”待他来到队伍的正前方，站定，这位主管用5分钟的时间，宣布当天工作安排和注意事项，并鼓励大家保质保量地完成。之后，他亲自带领大家做了一套轻松而简洁的健身操。最后，他再一次用洪亮的声音喊出一串响亮的口号“××(饭店名称)，××！我为人人！××，××！勇往直前!”所有员工也用饱满洪亮的声音跟着他喊，他喊一遍，员工集体喊一遍，一共喊了三遍。引来许多行人的注目观看。当主管宣布“完毕”。所有员工整齐地走回了饭店，开始了一天的工作。当问到一些员工怎么看待这样的活动时，有的说很好，能够加强和明确当天工作的重点；有的则认为这样的方式新鲜时尚；还有一些人认为这种方式比较适合于西方，稍显做作。

思考：

上述案例中的活动形式通常的名称是什么，这种活动形成制度有没有必要，请分析说明。

综合实训

结合本项目内容的学习，请同学们自行设计完整的晨、夕会，并分组模拟演练，由同学们点评。

PROJECT 项目八 8

前厅部管理自动化系统

随着信息时代的到来，饭店业的竞争加剧，各种竞争手段层出不穷，传统的竞争手段已经不能适应现代饭店行业的发展要求，取而代之的是饭店信息化的竞争。饭店需要使用更有效的信息化手段，拓展饭店的经营空间，降低运营成本，提高管理和决策效率。饭店前厅使用计算机自动化系统进行管理，将使得前厅部的对客服务变得更加快捷和高效，管理更加科学和完善。

MISSION1 任务一 计算机技术在前厅部的应用

任务描述

当客人抵达饭店住房，系统自动开始提示预订项目并在客人确认后执行。客人只需经过简单的手续就可以领取智能钥匙入住客房。在住店期间，客人可以在饭店的各营业点签单消费，各种消费项目将通过系统迅速记录到客人的总账单上。当客人结账离店时，系统会自动准确地打印总账单。当客人离店后，前厅管理者可以通过系统生成的客人信息汇总表，了解客户来源、消费项目、消费次数、消费水平、信用程度，需求偏好以及特殊要求等。这些数据经过处理后，将为经营管理者制定经营决策提供依据，使饭店管理方法更为科学。

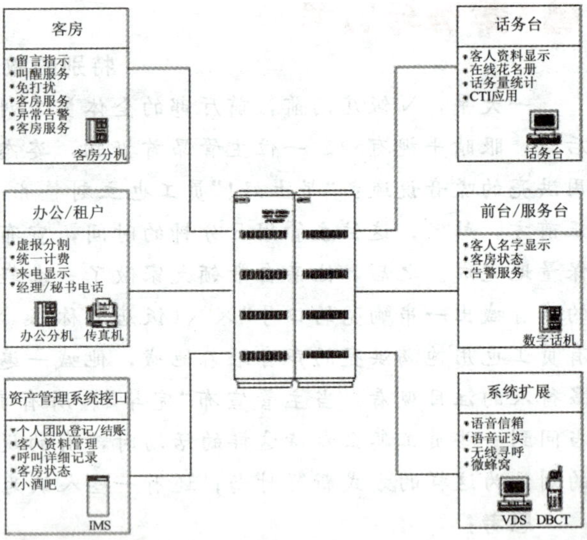

一、饭店计算机管理系统概述、构成及作用

(一)饭店计算机管理系统概述

饭店使用计算机进行业务管理，开始于 20 世纪 60 年代的美国。希尔顿饭店于 1963 年装置了一台小型计算机，仅用于客房管理，这是最早使用计算机进行饭店常规业务管理的饭店。此后，越来越多的饭店开始引入计算机管理系统。在 20 世纪 80 年代初，计算机技术也开始运用于我国的饭店管理中。但是，由于应用系统是引进的国外软件，操作中要受诸多因素的

限制，所以并不普及。这之后，国内软件系统也逐步地被开发出来，最初的使用范围仅局限于客房预订业务和客房状况的控制。随着科学技术的进步，国产计算机系统的使用范围逐步扩展到收银、前台和后台管理。

目前，几乎所有三星级以上饭店都使用计算机来进行管理。例如：国外饭店使用较为广泛的计算机管理系统是 Fidelio 及升级版的 Opera 软件。此外，还有 Hotel Star、King Smart 软件。国内的计算机系统，如北京泰能饭店管理系统，提供给饭店高级管理人员一种全新的管理模式，向饭店提供全方位应用的系统，其中包含：前台系统、收银系统、会员管理、预订中心、营销管理及成本管理、一体化的办公软件、网络预订中心等。它能帮助饭店实现整个业务流程的信息化管理。它既可以动态地反映饭店经营过程中的各种情况，减少操作时间，杜绝逃账的发生，提高工作效率和服务质量，又可以为饭店管理者提供实时的客房出租及预订状况、客人信息、营业情况、收款情况等全面的信息，帮助饭店改进管理体系上存在的一系列弊端，实现科学决策，实现提高饭店综合效益的目标。

(二)饭店计算机管理系统的构成

饭店的计算机管理系统是由多个内容不同的模块组成的，这些模块覆盖了饭店前台和后台的业务，对饭店日常的营业状况进行全面的统计分析，提供给管理层有价值的决策信息。

饭店计算机管理系统软件是以账务处理为核心，提供灵活的转账、分账、挂账等功能，实时动态的客房、账户管理。系统生成的各种汇总表、分析表就多达 70 余种，能够满足不同用户的需要。

饭店计算机管理系统还实现了磁卡、IC 卡的接口、POS 机接口、电子门锁接口、与交换机的接口、前台 IDD 控制、房间电话锁定等。系统将前台、客房、餐饮、电话、后台等有机地连在一起，对饭店实施全方位管理。

(三)饭店计算机管理系统的作用

饭店计算机管理系统是由网络操作系统、数据库管理系统和数据库应用程序构成的自下而上的三级安全保护系统。系统采取了严格的分权和授权查询的模式，严格划分权力界限，保密性很好，杜绝了不完整数据的产生，保障了数据的准确性。饭店计算机管理模块化结构，可以根据饭店业务需求，十分方便地进行模块增减，灵活地进行系统组合，且具有平台先进、功能齐全、安全可靠等特点。

二、前厅计算机管理系统的意义及功能

前厅计算机管理系统是饭店计算机管理软件系统中的一个软件。目前国内饭店运用的软件系统有多种，如中软、联想、华仪、千里马、泰能、海康等。选择哪种软件，饭店可以根据其功能的需要来配备。

(一)建立前厅计算机管理系统的意义

饭店管理者之所以重视计算机自动化系统管理，这是因为能给饭店带来如下利益。

1. 前厅实现计算机系统管理能提高员工的工作效率

计算机管理系统迅速快捷、高效准确的特点可以使前台员工的工作效率大大提高。管理系统能替代前台员工处理大量烦琐的、重复性的工作。如进行客房预订或入住登记、客房状况的统计、各类信息的查询、客人结账退房等，使前台员工有更多的时间来实现高效的个性化服务。

2. 前厅实现计算机系统管理能提高饭店的服务质量

计算机管理系统多功能的特点是可以让一个员工在工作期间处理各种相关的工作，一职多能，实现岗位综合化，优化人力资源的使用，提高饭店的服务质量。

3. 前厅实现计算机系统管理能提高饭店的经济效益

计算机数据库的数据共享及计算机联网管理使得一次输入的信息可以多处使用，完全避免了重复操作。前台员工只要不进行错误操作，就可以杜绝在各个服务环节的差错，大大提高了业务处理的效率和准确性。实现计算机系统管理能让饭店经营管理者全面了解经营情况，提高管理者的决策水平。从总体效益上讲，计算机管理系统能够节省大量的人力与财力，提高服务质量，增加服务项目，提高总体管理能力，从而有助于建立良好的市场形象，增强饭店的市场竞争能力。

(二)前厅计算机管理系统的功能

1. 接待预订管理

接待预订模块具有以下功能。

(1)对客人预订、入住、续住、离店结账等业务进行处理。

(2)对客人的消费账单进行修改。

(3)显示回头客相关信息(自动提醒)。

(4)对一个客人订多个房间进行处理(联房)。

(5)对多个客人订一个房间进行处理(拼房)。

(6)对客人换房、团队入住、自动挂账、房态查询等进行自动处理。

2. 总台账务管理

总台收银模块具有以下功能。

(1)处理散客建账、结账，团队账单和转账。

(2)处理错账、漏账和冲账。

(3)对客人账单查询以及对欠款进行催缴。

(4)对客人的应收账和折扣进行计算等功能。

3. 客房管理

客房中心管理模块具有以下功能。

(1)客房实时动态查询。

(2)快速查询锁房信息。

(3)客房物品损坏查询、耗品的管理。

(4)客房洗衣、MINI吧的管理等功能。

4. 客人资料管理

客人资料模块具有以下功能。

(1)创建档案、修改档案、删除档案功能。

(2)有查询档案、黑名单提醒等功能。

5. 销售中心管理

销售中心模块能对协议单位和协议房价进行管理。

6. 客人资料管理

客人资料管理模块具有创建档案、修改档案、删除档案、查询档案、建立黑名单等功能。

7. 应收款管理

除此之外，系统还包括团队旅行社管理和财务夜间稽核管理等。

案例与思考

"全能"的网络运营商

陈先生是大连一家企业的总经理，因公事经常到外地进行商务活动。因为其行程计划涉及住宿安排、机票的订购等问题，于是，陈先生就给携程打了一个电话，说自己10天后，于2009年2月5日到北京，办完公务后，于2009年2月8日到上海，住4晚后，2009年2月12日返回大连，希望携程能全程安排好他在北京和上海的饭店及机票。

思考：

1. 请问携程能满足陈先生的要求吗？
2. 请谈一谈现代旅游网络运营商与饭店的关系。

综合实训

请同学们利用饭店前厅计算机管理系统进行客房预订和散客入住登记手续的操作。

任务二 前厅管理的技术创新

MISSION2

任务描述

随着科学技术的迅猛发展，进入互联网新经济时代，高新产品层出不穷。饭店前厅管理除了前台和后台营运的计算机联网管理外，还运用了与此相关的创新产品，如：触摸屏、电子门锁、语音信箱、视频点播系统、迷你吧计算机控制系统、多媒体技术以及电子通信与控制等。

一、触摸屏的应用

（一）触摸屏的功能和特点

触摸屏是直接用手指在屏幕上，触及并选中屏幕上的菜单、工具图标等按钮即可完成相应的功能。触摸屏作为一种特殊的计算机外设，是目前最简单、方便、自然的一种人机交互方式，具有坚固耐用、反应速度快、节省空间、易于交流等特点。触摸屏的应用范围非常广阔，主要是用于对公共信息的查询。它的使用与推广，极大地增加了人们查阅和获取各种信息的方便性。

触摸屏根据其所使用的传输信息介质和工作原理的不同，可以分为电阻式、电容式、红外线式和表面声波式触摸屏。每一类都有其各自的优缺点。

1. 电阻触摸屏

这种形式目前为国内外饭店普遍使用。电阻触摸屏是利用压力感应，使触摸屏表面电阻薄膜屏的电阻发生变化，从而产生触摸信号。电阻触摸屏是一种与外界完全隔离的工作环境，不怕水汽和灰尘，可以用任何物体来触摸。它的主要特点是性能可靠、使用寿命长、操作简单、抗干扰性强。

2. 红外线触摸屏

红外线触摸屏是在屏幕周边排列了红外线发射器及接收器，当用户的手指触摸屏幕某一点时，便阻挡了红外线，从而产生触摸屏信号。它的特点是价格便宜、安装容易，不受电压、电流和静电干扰，适宜恶劣环境，但抗暴性差。

3. 电容触摸屏

电容触摸屏是把透明的金属层涂在玻璃板上，当用户手指触摸在金属层上时，电容发生变化，从而产生触摸信号。

4. 表面声波触摸屏

表面声波触摸屏的四角分别安装有横、竖或水平方向的超声波发射及接收转换器，当用户手指接触屏幕时，便会吸收声波能量，从而产生信号。它的特点是抗暴力性能强，反应速度优于同类，性能稳定。

（二）触摸屏在饭店中的应用

为客人提供饭店内外的信息是前厅部的一项重要对客服务职能。饭店为了满足和方便客人查询饭店内外相关信息的需要，饭店一般在大堂比较显眼的地方放置触摸屏。饭店触摸屏为客人提供以下信息。

1. 饭店服务

向客人展示饭店的各种服务项目及服务特色。

2. 旅游知识

向客人介绍旅游常识。

3. 旅游景点

向客人介绍旅游线路、旅游景点、市区一日游等。

4. 气象服务

向客人提供气象信息。

5. 风土人情

向客人介绍当地的民俗、民风。

6. 交通信息

为客人提供各种交通工具（飞机、火车、轮船）交通时刻表和本地的交通情况。

二、电子门锁系统的应用

每一家饭店在选择客房门锁时都十分慎重，这是源于一种对安全的考虑。客房门锁是饭店控制客房准入、保护客人人身及财产安全的重要硬件。随着科学技术的发展，一种全新的电子门锁自动化管理系统，具有安全可靠、使用方便，保密性强的优点，取代了传统的机械弹子门锁。

（一）电子门锁系统简介

磁卡是20世纪70年代初诞生的，当时仅局限于欧洲的工业领域。它的发展异常迅猛，这种成本非常低的磁卡被应用于各种领域，并开始在饭店中使用，目前电子门锁系统的开发已相当成熟。主要的电子门锁有IC卡锁、电脑磁卡锁、指纹触摸锁、感应卡锁。

1. IC卡锁

IC卡又叫集成电路卡，是法国人莫兰在20世纪70年代发明的。它是一张镶嵌着集成电路芯片的信用卡大小的塑料卡片。它的储存量大、保密性好，拥有思维和运算功能，可以反复使用，还便于加密、防磁，具有寿命长、功能强的特点。不过，IC卡锁的成本较高。

IC卡锁

2. 电脑磁卡锁

高档电脑IC卡锁与电脑磁卡锁是利用磁卡开启的由电脑控制的门锁，锁内有磁卡阅读器和微电脑。客人入住时，接待员可以为其设定专门的密码和信息。客人开门时，只需将磁卡插入读卡器的缝隙后拿出，锁中的微电脑即可判断其是否为合法磁卡，并决定是否开门。该锁通常能设置10亿以上个密码并且不会重复，万一钥匙丢失可以重新设置密码，使丢失的钥匙失效，因此，保密性很强。

磁卡的成本低，可以一次性使用，也可以回收，反复使用。

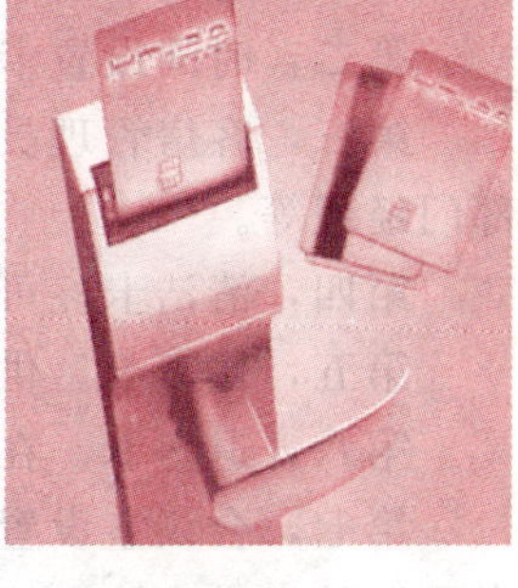

磁卡锁

3. 指纹触摸锁

指纹门锁是利用人体指纹各异性和不变性、为用户提供安全可靠的加密手段。使用时只需将用户手指平放在指纹采集仪的采集窗口上，即可完成开锁任务，操作十分简便。它是目前世界上最先进的门锁。

4. 感应卡锁

感应卡锁是利用感应卡制作开门钥匙，它与前三种卡门锁不同的是，感应卡属于非接触卡，使用时客人只需将感应卡在门锁信号屏前一晃，不用接触，即可开启门锁，因此非常方便。

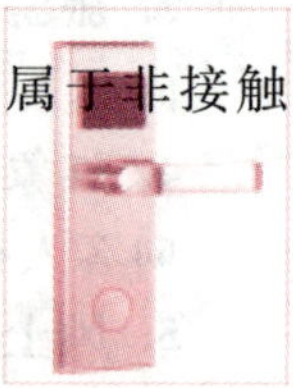

感应卡锁

(二)电子门锁系统的特点

1. 安全可靠

电子门锁系统可以为每把门锁制作出上亿个不同密码的钥匙卡，密码是接待员根据客人入住时预订的居住天数和确定的房号在发卡机上自动生成，在钥匙卡有效期内，该卡只能打开对应的客房，过了有效期，该卡就失效。如果原卡未失效，但用一把新卡开门后，原卡也随之失效。因此，它的最大特点就是一般人无法对电子钥匙进行解密和复制。

2. 使用方便

电子门锁系统具有数十种智能钥匙，以分级进行管理，使得管理权限分明，使用操作简便。例如，当管理员卡和服务员卡，亮红灯不能开门时，使用复位卡，然后重新设置一有效卡，即可正常使用。

3. 有利于破案

电子门锁内的微电脑能储存 3000 条最近的开门记录，并可以随时提取这些开门记录。如果有客人报失，只需查看开门记录就可以查出是用何种卡在何时进入该客房的，从而为保安或公安人员破案提供线索。

读写器

4. 控制时限

由于到期的客房卡将自动终止使用，这样既保障了客房的安全，同时也避免了客人拖延退房的现象。这一功能的实现是源于电子门锁系统的时钟控制。

(三)电子门锁系统的使用与管理

电子门锁的钥匙可以根据不同的用途来设置，以分级进行管理，不同的人员使用的卡受到不同的限制。通常有以下几种。

第一，房号设置卡。用来设置门锁的房号。

第二，时间设置卡。用来设置门锁的当前时间，包括年、月、日、时、分。

第三，客房管理员卡。可开启管理区域内的全部门锁，由客房管理人员使用，如主管、部门经理等。

第四，清洁卡。可开启所负责的某一楼层的全部门锁，由楼层服务员使用。

第五，住客卡。供客人开房使用。由前台接待员或收银员为客人制作。

第六，退房卡。在门锁中使用退房卡后，原住客卡失效。

第七，会议室设置卡。用来把某客房设置为会议室，该卡开锁后，门锁不会锁上，与会者可以随意进入该会议室。

第八，时段卡。在有效期内可以用此卡进房，过时即失效。供需进房的服务人员使用(如维修工、大堂副理带人参观客房)。

第九，复位卡。可用做管理员卡和服务员卡，当房锁亮红灯不能开门时使用。

第十，其他卡。公共区域设置的卡等。

（四）一卡多用

电子门锁系统是由发卡机、智能卡锁、计算机网络系统、门锁管理软件等组成的。目前智能化饭店提出了饭店一卡通的需求。一卡消费的服务项目除住房外，还有餐厅、酒吧、咖啡厅、各种娱乐设施、商场、停车场等。

三、语音信箱的应用

语音信箱是一种新型的通讯业务，利用电信技术和计算机系统存储，传递语言信息，类似于录音电话的一项服务。

饭店应用的语音信箱系统实际上是以计算机和语音卡为硬件基础，以语音处理软件为应用平台，利用饭店远程控制电话交换机接入用户，与饭店电脑管理系统相集成，实现自动总机、语音留言处理、语音信息服务、自动通知、多种语音提示、话务量统计等功能、以方便饭店内部高效的自动入住、自动退房、MINI 吧、房态输入、叫醒、催款、VIP 问候等相关功能。语音信箱系统的应用已成为饭店业的行业标准配置。

（一）前厅管理应用语音信箱系统的意义

1. 语音信箱系统是饭店最易实现的电讯增值业务

饭店的管理系统增加语音信箱系统，几乎不需要对现有的通讯设备进行任何的改动，饭店只需提供原有设备上的一些接口即可很快搭建系统和应用以上便捷的功能，把饭店客人、员工和管理者有机地整合起来，营造愉快的生活环境和高效率、个性化的服务。

2. 语音信箱系统的应用已成为饭店业的行业标准配置

语音信箱系统已在饭店业得到较广泛的应用，并且被证明是可为饭店稳定客源的重要手段。特别是商务型饭店，由商务客人的职业特点决定了饭店必须注重为他们铺设促进沟通的宽敞渠道，为他们提供各种商业信息并能迅速获取。错过一个电话就意味着错过一个商机。运用语音信箱系统，这样的问题都将迎刃而解。

3. 语音信箱系统的应用可为客人提供高效率的服务

语音信箱系统的应用减少了人工留言记录的必要从而减少饭店服务人员的工作量，让他们把更多的时间和精力用于为住客提供需要的服务上。这样既能让住客满意，又能让饭店内部管理变得更加完善。

语音信箱系统

（二）语音信箱系统在前厅管理中的功能

1. 自动总机服务

(1)可以灵活地设置、变更和取消团队、会议和散客的叫醒时间，避免人工叫醒的延误。

(2)可以在开设了语音信箱功能的分机上，实施呼叫遇忙、无人接听请自动留言等功能。

2. 多语种服务

语音信箱系统除了提供其基本的功能外，还可以为每个房间提供多语种服务功能，客人可以自主选择所需要的语种，如中文、英文、韩语、日语、德语、法语，从而满足了语言交流的需要。

3. 信息热线服务

(1)饭店住客可以直接从语音信箱系统中获取主要信息。

(2)语音信箱系统还可以设计出一个信息热线提供全天候服务。用于回答有关饭店的服务项目、餐饮特色经营、服务时间、附近的旅游景点、饭店阶段性优惠活动、电视节目安排、附近的旅游景点以及到达方式和机场穿梭巴士等客人经常询问的固定问题。

4. 客人留言服务

(1)语音信箱系统通过点亮客人房间里的留言灯，通知住客有留言等待，住客收听完留言后，系统会自动关闭留言灯。

(2)当住客每次查看他们的留言时，语音信箱系统会在自动播放留言前提示有几条留言。住客收听留言时，系统会提示用户储存、删除或重新播放留言。

5. 商务中心服务

(1)商务中心文员在完成为客人订机票、车票或文稿处理后，通过语音信箱系统录入通知内容后，由语音信箱系统发送留言。

(2)语音信箱系统可以修改语音信息服务中有关商务中心服务的项目、价目等的相关内容。

6. 行政管理服务

(1)饭店管理者可以通过语音信箱系统迅速地给相关部门或班组下发通知，不同班次的员工可以相互间留言，使得饭店管理部门的信息畅通传递。

(2)语音信箱系统设有问卷调查的功能。对外可以定期随机抽查客人对饭店服务的意见，对内可以进行民意调查。语音信箱系统的应用取代了传统的备忘录，提高了管理工作效率。

四、迷你吧计算机控制系统的应用

迷你吧是指饭店客房中设置的小冰箱或小酒柜，为住店客人提供所需要的酒水和食品。用人工操作迷你吧服务的饭店，由于不能及时了解住客消费情况而出现物品补充、物品统计以及物品调整等不及时的情况，造成饭店损失；还因客人退房时查房等候而耽误客人离店时间，招致客人的抱怨。迷你吧计算机控制系统的应用解决了上述问题。

迷你吧计算机控制系统具有以下功能和特点。

第一，迷你吧计算机系统可以与饭店管理系统中的其他子系统集成，成为一个统一的管理系统。这样，客人可以随时查询自己在饭店的消费情况，包括迷你吧的消费。

第二，迷你吧计算机控制系统能自动显示迷你吧中酒水和食品的消费情况，便于服务人员及时补充酒水和食品，还可以根据客人的消费情况，判断客人的消费偏好，调整和配置客人所喜好的酒水和食品。

第三，迷你吧计算机控制系统能将住客的迷你吧消费自动记入客人的应收账款中，还可以打印出迷你吧销售报表、存货补充报表等。

迷你吧计算机

五、视频点播系统的应用

饭店视频点播(HVOD)服务系统是计算机技术、网络通信技术、多媒体技术、数字电视技术等集合成的一种传媒方式。饭店 HVOD 视频系统主要分为信息查询、广告投放、电视收看、电影点播四大模块，突显饭店的多媒体视频功能。HVOD 可以根据客人的需求，在饭店的电视系统中增加适应客人个性化需求的服务项目和信息，为住客提供更优质的服务。

(一)饭店信箱查询服务

视频点播系统能把饭店的各项服务内容、价格等由传统的宣传张贴、广告牌方式升级为电视画面信息导航，方便客人在休息中方便、自主、全面地了解店内各项服务，还可以将饭店全景以录像的方式显示给客人。

(二)预约服务

在介绍饭店内的餐饮、健身、棋牌、美容美发等相关专业服务以及外挂场所的服务的同时，客人还可以通过视频指导直接使用客房电话选择预订相关服务。

(三)技师选定服务

饭店 HVOD 视频点播系统可以将所有技师(美容、美发、spa)的照片或录像以及相关资料展现在客人面前，客人可以根据自己的喜爱选择技师。

(四)旅游票务服务

住客在客房内轻按遥控器，就可以了解到本地的旅游资源和交通票据(机票、车票等)的订购渠道。

(五)其他功能

通过 HVOD 可以选择背景音乐、电影、连续剧、演唱会等，以满足客人的不同品味需求。

六、多媒体系统的应用

媒体就是人与人之间实现信息交流的中介，简单地说，就是信息的载体，也称媒介。多媒体就是多个媒体的意思，是指直接作用人感官的文字、图形、图像、动画、声音和视频等多媒体的统称，即多种信息载体的表现形式和传递方式。

(一)多媒体系统构成

多媒体系统由硬件系统(计算机硬件、声音／视频处理器、多种媒体输入／输出设备及信息转换装置、通信传输设备及接口装置等)、多媒体操作系统、多媒体处理系统工具用户应用软件构成。

多媒体信息发布

(二)多媒体系统的特点

1. 继承性

多媒体系统能对信息进行多渠道统一获取、存储、组织与合成。

2. 可控性

多媒体系统以计算机为中心来处理和控制多媒体信息，并按客人的要求以多种媒体形式表示出来，同时作用于人的多种感官。

3. 交互性

多媒体系统可以实现人对信息的主动选择和控制。

4. 方便性

用户可以根据自己的需要、兴趣、任务需求、偏好和认知特点等来使用信息，任意选取图、文、声等信息表现形式。

5. 动态性

用户可以按照自己的目的和认知特征重新组织信息、增加、删除或修改节点，重建信息链条。

(三)多媒体系统在饭店中的功能

1. 业务展示

应用多媒体系统能为客人在饭店各处提供图文并茂的业务展示，激发住客的消费欲望，为他们提供所需要的便利信息和最新信息。

2. 信息播报

多媒体系统将饭店介绍、餐厅介绍、当地旅游会议信息、贵宾欢迎、世界时刻等信息播报显示在饭店大堂、楼梯间、各楼层、会议厅等各处液晶屏幕上，而且支持在不同地点展示不同的信息，内容丰富多彩。

3. 动态更新

多媒体系统发布点均采用受控管理，统一控制。多媒体信息还可以实时动态更新。

七、电子通信与控制技术的应用

电子技术与通信是把电子科学与技术、信息技术相结合、构建现代信息社会的工程领域。随着科技的进步，饭店智能化管理将成为 21 世纪新经济时代饭店业发展的方向。饭店智能化以通信新技术、计算机智能化信息处理，宽带交互式多媒体网络技术为核心的信息网络系统，能为消费者提供周到便捷、舒适称心的服务，满足消费者个性化需求。同时，饭店利用智能化的管理使效益与效率大幅度提高。

(一)客房控制系统

饭店客房控制系统由计算机网络通信管理软件和智能客房控制硬件系统两个部分组成。网络型客房信息与控制系统集智能进行灯光控制、空调控制、服务控制和管理，具有智能化、网络化、规范化等特点，将科学的管理思想与先进的管理手段相结合，帮助饭店各级管理人员和服务人员对在饭店运行过程中产生的大量动态的、复杂的数据和信息进行及时准确的分析处理，从而使饭店管理真正进入到科学管理时代。客房控制系统具有以下功能。

客房温控。客人离开房间后自动处于低速节能状态，客人入住时可以提前设定房间温度。

灯光控制。

饭店前台、客房、工程等各部门根据需要设置电脑管理并监控房间状态。

请即打扫、请勿打扰、门铃按钮三合一指示牌，方便显示服务情况。

饭店大堂温控。根据不同的时段不同的客流量，自动调节温差。

冷冻机控制。

配电系统控制。

设备组和厨房温控。

(二)其他控制系统

安全防范监控系统在饭店中的应用有电梯监控系统、楼道监控系统、防盗报警监控系统、火警监控系统、闭路电视监控系统、停车场监控系统、周边防卫系统。

案例与思考

打不开的房门

客房服务员小张正在清洁房间，这时，一位客人过来了，站在房间门口对小张说：“服务员，给我开 1022 号房门。”“好的，先生，您的房卡呢”？小张转过身来回答客人。“房卡锁在房间里了。”客人解释。“那不行，没房卡就不能开房门。”小张说话的口气很肯定。“什么？我住在这里，你不给我开门？好！你不开，那我就把门踢开……”

思考：

1. 请问客房服务员小张的处理方式妥当吗，正确的做法是怎样的？

2. 目前，绝大部分饭店已经开始使用智能房卡，尽管十分便捷，但智能房卡的故障率也十分高，你认为应怎样避免房卡无法使用给客人带来的不便？

综合实训

请同学们到一家饭店参观，重点考察该饭店的计算机管理系统的功能和操作。